JN201357

香港雨傘運動と市民的不服従

「一国二制度」のゆくえ

周保松・倉田徹・石井知章［著］／萧 雲［写真］

社会評論社

本扉写真：オキュパイ地区を眺める座り込みの学生（2014年11月11日・金鐘オキュパイ地区）。

香港雨傘運動と市民的不服従

「一国二制度」のゆくえ

目次

香港における市民的共同体と「リベラル左派」の理念

石井知章

本書の背景

本書は明治大学現代中国研究所が二〇一八年六月二四日、周保松氏（香港中文大学副教授）をお招きし、『香港雨傘運動と「一国二制度」の将来』と題して明治大学（駿河台校舎）において開催した講演会、それに際して行なわれた倉田徹氏（立教大学教授）によるコメント、さらにこのイベントに関連して紹介された写真・論文などを収めた報告集である。

天安門事件から三〇周年を迎えた二〇一九年六月、中国本土への容疑者引き渡しを可能にする「逃亡犯条例」改正案の完全撤回と親中派の林鄭月娥（キャリー・ラム）行政長官の辞任を求め、香港では史上最大規模である二〇〇万人による抗議デモが繰り広げられた。二〇一四年の雨傘運動では、総人口約七〇〇万の三〇％以上の香港人が占拠行為を支持し、約一三〇万人の市民が実際に現場に赴いて運動に参加したとされるが、二〇一九年六月の抗議デモは、はるかにそれを上回る規模に発展していったことになる。こうした動きを受けて行政長官は、期限を設けずに審議の延期を発表し、中国も条例改正については事実上、断念するに至る。二〇一四年の雨傘運動で一切妥協せずに運動を内側から解体させた中国習近平政権の対香港強硬姿勢が、いわばここにきてはじめて挫折したことになる。だが、天安門における軍による弾圧が断行された当時の現実政治と現執行政権の人権抑圧的あり方の双方を鑑みれば、中国政府との間でつぎに香港が直面するかもしれない事態に多くの人々が不安を募らせているのもまた事実である。

中国の「一国二制度」と雨傘運動

二〇一四年秋に始まった雨傘運動のそもそものきっかけは、中国政府が一九八五年に香港特別行政区の基本制度を決める「基本法」の起草をはじめ、一九九〇年にそれを公布したことにまで遡る。いうまでもなく、この「基本法」は香港にとっては「憲法」にあたるものだが、とりわけその第二条は「全国人民代表大会は香港特別行政区に本法の規定に基づき、高度な自治を実施し、行政管理権、立法権、独立した司法権および終審権を享有する権限を授与する」とし、また第五条は「香港特別行政区では、社会主義制度と政策を実施せず、本来の資本主義制度と生活方式を五〇年間維持する」と規定している。これら二か条が、いわゆる「一国二制度、港人治港（香港人が香港を統治する）」の具体的表現であることはいうまでもない。中国政府の統治から逃れるために香港に移民してきた多くの香港人にとって、これらの条項は、香港における自らの生活の安寧を維持するための最大の法的根拠であり続けてきた。イギリスからの主権の返還が避けられない以上、鄧小平による「一国二制度」の構想がしっかり内実をともなうものとして実現されない限り、香港が自由と民主主義を享受するための制度的根拠を失うことにもなりかねないからである。香港の人々は、仮に主権が中国に帰属するとしても、中国の社会主義制度が採用されないことの保障として、この「一国二制度」を事実上、間接的に支えて続けてきたのである。

この「基本法」が公布されたのは一九九〇年であるが、その前年である一九八九年には、中国共産党の胡耀邦元総書記の死をきっかけに中国で大規模な民主化運動が勃発し、最終的には数千人の北京の学生と市民が六月四日、軍隊による血の弾圧に遭遇した天安門事件というきわめて悲劇的な結末を見ている。この運動に香港市民が深く関与したため、香港における民主的勢力の成長が大いに推進されたものの、同時に中国共産党は香港を反共産党の基地と見なし、民主派をその統治の権威に直接挑戦し、脅している敵対的勢力と認識するようになった。一九八九年以降、香港人は香港で各種の政治禁書を発行したり、毎年の六月四日にビクトリア公園で八九民主化運動を記念する追悼集会を開いたりと、さまざまな方法で中国本土に影響を与えてきた。だが、習近平政権になってからは、そうした出版の自由や言論の自由が大幅に制約されるように大きく変化している。

一九八九年以降、中国政府と香港の民主派との間にすでに基本的な相互信頼が失われていて、如何なる協力関係も存在してこなかった。とはいえ、香港の選挙政治において、反共産党という看板は、たしかに民主派の最大の武器であったといえる。中国政府側にとっても、民主派の台頭を防止するには、香港という強力なる民主派の舞台を制限しなければならないがゆえに、そのために幾重ものハードルを設けて、その民主化のプロセスを遅らせ、香港政治を制度的にしっかりとコントロールする必要があったのである。「基本法」におけるきわめて保守的な制度設計、および「政治改革」のプロセスにおける度重なる遅延の理由も、まさにそのことにあったといえる。

八三一決定と雨傘運動

こうしたなか、雨傘運動の導火線となった「香港特別行政区行政長官の普通選挙問題と二〇一六年立法会の選出方法に関する決定」が二〇一四年八月三一日、全国人民代表大会常務委員会によって採択される（八三一決定）。この決定は、「広範な代表性を有する指名委員会を組織し、指名委員会は民主的手続に従って二名から三名の行政長官候補者を指名し、各候補者は指名委員会の全委員の半数以上の支持を獲得しなければならない」などとし、明らかに民主派が要求していた「市民による指名」と「政党による指名」を否定するものであった。また、指名委員会の大部分の構成員は従前通り中国側による支配を受け、行政長官の候補者は委員会における過半数の支持を得る必要があるため、中国側にとって十分に「愛国愛港」でない者は、最初から候補者になれないということを意味した。ここから先に起きたことは、周保松氏が本書で詳細に述べている通りである。

既述のようなさまざまな制約の下で、如何なる状況になれば、中国政府が香港の民主化を許容する可能性が出てくるのかについて、周氏は中国自身が政治の民主化を推し進めようとして、香港を一つの実験場または「政治特区」と見なした場合であるとしている。だが、習近平が二〇一二年に中共中央総書記に就任して以降、このような状況が生じるどころか、政治的にはむしろ大きく後退していった。習近平が反腐敗を通して党内の反対派を厳しく弾圧し、権力を一身に集めて自らの任期を撤廃し、前代未聞の高圧的な統治を実行していったことを鑑みれば、そうした民主化推進のモデルを香港に求めるようなシナリオはあまりにもナイーブ過ぎたともいえる。こうした弾圧には、言論の自由、出版の自由および報道の自由に対する厳格なコントロールや、キリスト教、イスラム教、NGO、人権派の弁護士およびその他の民間勢力に対するものが含まれている。このような強圧的な統制の下では、香港がそれに巻き込まれず、中国政治の大局の外に立つことがきわめて困難なことはいうまでもない。かくして、香港人の民主化に対する強い要望は北京には聞き入れられず、逆に中国側による香港の各分野に対する直接的干渉はますますやりたい放題となっている。

たしかに、二〇一四年の雨傘運動の否定的結果から判断すれば、それが失敗に終ると最初から決まっていたのだと見えなくもない。中国政府が八三一決定を撤回することはあり得ないし、香港に真の普通選挙を与えるはずもないことは、その断固たる当時の姿勢を見ても明らかだからだ。雨傘運動の失敗後に勢いに乗じて生まれた香港独立運動の思潮に対しても、中国政府は最も厳しい手段を使ってそれを鎮圧している。全国人民代表大会による立法解釈を通じて、本土派および自決派の立法会議員の宣誓手続が法の規定に適合していないことを理由に、これらの議員の議員資格をきわめて乱暴に奪っただけでなく、中国側が香港独立派と認定した候補者の立候補資格さえも剥奪したほどである。

雨傘運動の歴史的意義

だが、だからといって周氏は、この運動そのものがまったく無意味だったといっているのではなく、むしろ広い歴史的視野と価値的視野に立てば、その意義をはっきりと認識できるのだと主張している。その歴史的意義とは第一に、雨傘運動が民主化運動であったことである。抗争の直接的な対象は中国政府であり、勝ち取ろうとしたのは香港人の政治的権利であるが、これは一九八九年の民主化運動後に、中国の統治下で起きた最大規模の社会抗争であるといえる。香港人が平和的な手段で勇気を持って立ち上がり、全世界の前で権威主義中国に「ノー」を突き付けたことそれ自体がきわめて意義深いことであった。第二に、雨傘運動が世界における市民的不服従の歴史にきわめて重要な事例を残したことである。「オキュパイセントラル」運動は、当初から「市民的不服従」の方法で民主主義を実践するという明確な理念を持っていた。そのプロセスにおいて、まず「熟議の日」(deliberation day)を設けて熟議民主主義(deliberative democracy)の理念を実践し、そして「民間レベルの住民投票」を通じて直接民主主義の理念を実践していった。また、これらの抗争を通じて勝ち取ろうとした真の普通選挙そのものは、リベラル・デモクラシーによる代議制民主主義の概念であった。第三に、雨傘運動が香港人の主体意識と共同体意識を根本的に変えたことである。実際、この二つの意識は、香港の将来の民主主義の発展にとってきわめて大きな役割を果たすことになった。いわゆる主体意識は、自分が自分の生命の主であることを認識し、自分の生命を支配する能力、権利および欲望を有すること、すなわち香港の人々がよく口にする自己決定（personal autonomy）のことである。人間が自己支配を欲するというのは、自分の生命のあらゆる領域について自分で決めたいということを意味している。もちろん、その中には政治領域も含まれており、ここで民主主義の理念は、一種の集団的自治の精神を体現している。すなわち、すべての市民が自主的に公共事業に参加・決定する権利を有しているということである。いわゆる共同体意識とは、人々が同じ市民的共同体の中で生きていることをしっかりと認識することである。この共同体内部において、人と人との間にあるのは、純粋に道具的な「利害関係」ではなく、何らかの基本的な考え方を共有・公認するという「共通価値」として人々を結びつけている紐帯に他ならない。したがって、この共同体とは、明らかに「近代的」ゲゼルシャフトとは異なるが、もとより「前近代的」ゲマインシャフトとも異なる、いわば両者をともに昇華した、新たな次元における市民共同（協同）体（ゲノッセンシャフト）であるといえる(一)。

雨傘運動における共同抗争と共同生活の経験は、たしかに多くの抗争者にかつてないほどの主体意識と共同(協同)体意識を生じさせた。香港のような高度に原子化された商業社会においては、人々は普段から自分自身を何ら帰属先もない孤独な個体と見なしていて、この街の政治に参加できると感じることは滅多にない。その意味では、雨傘運動は多くの香港人に自己理解のもう一つの可能性を示したし、その延長線上で二〇一九年六月の抗議デモでは彼らの強い意志で目的を実現に一歩近づけた。当初、こうした自己理解はきわめて弱いものであったかもしれないが、度重なる公共参加を経て、それが少しずつ強化され肯定されるようになり、次第に人々が世界を理解し、行動を実践する際の基礎となっていったのだといえる。

「リベラル左派」の思想的根拠と雨傘運動

周保松氏はいわゆる「リベラル左派」の思想的・理論的重鎮として、すでにその名が広く知られている。二〇一四年の雨傘運動に際しては、同氏の『政治的道徳』(中文大学出版社、二〇一四年)が学生や市民に広く読まれ、抗議デモに参加した多くの人々に大きな影響を与えた。リベラリズム擁護の意義は、政治的ユートピアを建設することではなく、われわれの直面している不公平さ、苦難を合理的に解釈し、正義をともなう社会への期待に応えつつ、社会的平等、社会正義を実現するための道徳的基礎を与えることにある。とりわけ周氏は、この著作の増訂版（二〇一五年）に収められた論文、「不服従者の言」（本書所収）で、香港政府がすでに「権威」（authority）から「権力」（power）へと堕落してゆく過程を歩んでおり、その正当性のない権力は、人を恐怖で屈従させるだけで、政治的義務感を生み出すことはできず、市民が服従する義務を感じなければ、「市民的不服従」のなかでもっとも核心となる「法律に忠実である」という道徳的拘束力が大きく弱まると指摘した。目下の香港の危機とは、恣意的に公権力を濫用し、ついには権力の正統性をさらに失わせるに至っているところにあり、それがさらに広範な「政治的不服従」を引き起こしているというのである。

周氏はさらに、ポスト雨傘運動の思想状況を色濃く反映した論文「リベラル左派の理念」（二〇一五年）では、「未完のプロジェクト」としての近代の問題としてこの基本的理念について扱っている。ここで示された周氏の基本的立場は、二〇一九年の反「逃亡犯条例」改正案運動でも、市民による民主化運動において大きな精神的・理論的支柱となっていたと見られる。というのも、「リベラル左派」の理念は、一つの正義の社会を構築するということであり、自由で平等な市民に対して公正なる処置を施し、かつ一人ひとりの個人が自主的で、価値のある生活を送るための条件を与えることにあるからである。この理念の背後には、次のような考え方がある。第一に、われわれは理性的能力、および道徳的能力の価値主体をもつものであるということだ。こうした能力をもつことによって、われわれが自由平等な存在となるからである。第二に、国家は存在する必要性をもつが、あらゆる市民に対して公正に対応しなければならず、そうすることによってのみ、国家ははじめてその正当性をもつということである。だが、こうした条件を満たすためには、国家の基本的制度が、自由で平等な個体の合理的認可を得ることを必要とする。第三に、人間の共同体の根本的利益であるがゆえに、ある合理的社会制度の調達は、個人の自主性とその発展可能性を十分、保障しなければならない。第四に、このことに基づいて、われわれは平等で基本的な自由や権利を有し、また民主的選挙や憲政法治をもたねばならず、多面的文化環境、公平な機会均等を有し、合理的財と富の分配および社会的発展のさまざまな利点をともに享受しなければならない。これらの制度は、一つの体系を形成し、一種の「自由人の平等政治」を共同で実現するのである。第五に、一人ひとりの個人の自主的能力が全面的に発展でき、また己の本当の意思に照らし合わせ、自ら価値があると認められる人生を送ることができるとき、われわれははじめて人間の解放に到達できるといえるが、これこそが「リベラル左派」の理想なのである。(2)

こうしたリベラリズムは、たんに政治上の全体主義的専制、および人権や自由に対する侵犯に反対するだけではなく、同時にまた、社会関係におけるさまざまな種族、階級、性別、宗教、および文化的覇権がもたらす人への差別、統括支配、辱めや圧迫に反対し、同時にまた経済生活における人への疎外や搾取、不合理な財と富の分配がもたらすさまざまな弊害に反対している。リベラリズムは、狭義の政治領域における理論に限られるわけではないし、また限るべきでもない。というのも、もしリベラリズムの目標があらゆる人が自由で自主的生活を送れるようにすることであるならば、それは政治や経済的領域、および宗教や文化的領域、家庭や行政関係の領域などを含むあらゆる領域での人に対する圧迫を軽減し、除去することに極力努力しなければならないからである。自由な人間とは一人の完全な人間であり、完全なる自由人の実現には、完全に自由な環境が必要となる。だが、人は本来的に社会的存在であるから、正義を重視する理論は、社会のあらゆる環節がすべての個体に公正な対応を極力与えられるように努めなければならない。このことはつまり、リベラリズムが一つの未完成な「近代のプロジェクト」であり、また今日の権利保護（維権）運動、民主化運動、教育公平をめぐる運動、フェミニズム運動、文化、社会の財と富の公平な分配、および労働者と農民の合理的権益獲得運動などのための、豊富な道徳的資源の提供を意味するのである。

既述のように「リベラル左派」は、理論上、実践上を問わず、みな批判性と進歩性を備えており、すべて今日の香港や中国にとりわけ必要な一種の政治道徳観を与えている。したがって周氏は、伝統的「左」、「右」という枠組みを超えて、自由と平等を基礎にして、一つの公平で正義の社会を建設できるのだと主張している。だが、香港において「リベラル左派」は、別な次元での困難に直面してきた。香港は長きにわたり自由放任主義（レッセフェール）イデオロギーの支配を受けてきたために、増税や公共的福祉関係費増額に関するいかなる主張に対しても、おしなべて政府、企業家、メディアからことごとく攻撃され、抹殺されがちであった。その結果、労働者の基本的な権益にきわめてかなっているはずの、たとえば最低賃金、労働時間制限、退職金などに関する主張も大きな抵抗にあってしまうのである。そのため、「リベラル左派」がこうした抵抗勢力の目には甚大な被害をもたらす「猛獣」のように映じているのだが、市場資本主義に反感を抱いている一群の人々からすれば、それを支えているイデオロギーはリベラリズムであるということになり、その結果、彼らはあらゆる「自由主義」に関する主張を弁別なく一様に拒絶することになるだけでなく、さらには“liberalism”と“libertarianism”の区別さえもできないでいるのである。

「市民的不服従」の理念としての「リベラル左派」とその未来

周氏によれば、香港において仮に「親中派」が大きな政治的かつ社会的勢力であったとしても、社会主義の観点から出発している人はけっして多くはない。こうした人々の大部分は、人権法治の擁護と民主的普通選挙の実施を望んでおり、また政府による増税や公共支出増額も支持しているのだが、かならずしも公有制や計画経済を受け入れるわけではなく、階級闘争の立場から社会的矛盾を理解しているわけでもない。彼らの大部分がじつはある種の穏健な「リベラル左派」の立場を受け入れている。香港では「自由主義」といえばただたんに「小さな政府に大きな市場」と同義語として扱われてきた経緯があるために、「リベラル左派」はそもそも自らの主張を展開することが困難であり、結果として少なからぬ団体や個人が長きにわたり、理論的失語状態に陥ってきただけのことである。たとえば、彼らはしばしば「左翼」と自称・他称するが、その実自らの「左翼」的理論の裏付けがどこから来ているのかということをはっきりと自覚しているわけではない。まさしくこうした背景のもと、香港における「リベラル左派」の議論は中国大陸とはニュアンスとして異なる面をもちつつも、同様に切迫した意義をもっているのである。

さらに重要なのは、雨傘運動の期間中に、多くの参加者は意識的に市民的不服従の理念を使って抗争を行い、頻繁にルソー、ガンジー、マーティン・ルーサー・キング・ジュニア、およびロールズの理論と実践を引用して、自分自身の行動を支えていたことである。これらの経験は香港に貴重な抗争の伝統を残しただけではなく、中国の将来の民主主義抗争のために重要な参考を残し、世界のその他の国々の社会抗争にも貴重な経験を提供することとなった。その意味で周氏は、雨傘運動がまだ終わっておらず、その記憶や理念はずっと黙々と我々に影響を与えており、さらに前進し続けるための重要な思想的・道徳的資源となっているという。実際、そのことはまさに二〇一九年六月の中国本土への容疑者引き渡しを可能にする「逃亡犯条例」改正案の完全撤回と林鄭月娥行政長官の辞任を求めた二〇〇万人による抗議デモの成功によっても証明されたといえる。たしかに香港の未来はさまざまな不確実性に満ちているが、周氏たち「リベラル左派」が確信しているのは、香港がリベラルな「家」になることを期待しつつ、そのために人々が一緒に努力するという未来の社会像なのである。

註

（1）ゲノッセンシャフトの概念については、拙書『中国革命論のパラダイム転換——K・A・ウィットフォーゲルの「アジア的復古」をめぐり』社会評論社、二〇一二年、序章、および終章を参照。
（2）周保松「リベラル左派の理念」、拙編・著『現代中国のリベラリズム思潮——一九二〇年代から二〇一五年まで』藤原書店、二〇一五年所収、二八七～三三〇ページ。

【講演】

雨傘運動と「一国二制度」の未来

周保松

皆さん、こんにちは。東京に来るのは今回が初めてで、こんなにたくさんの方々が今日の研究会に参加してくださるとはと、とても驚いているし、非常に嬉しく思っています。皆さんが香港の状況に強い関心を持っていることを示していると思います。ここで、まず明治大学現代中国研究所、特に石井知章教授と中村達雄先生の招待に深くお礼を申し上げます。また、翻訳を担当していただく徐行先生とコメントをしてくださる倉田徹先生にも感謝の言葉を述べたいと思います。

今日の講演の本題に入る前に、まず二点、説明が必要です。第一に、私は単なる学者ではなく、香港の一市民、そして雨傘運動の参加者として皆さんと交流するためにここに来たということです。私はこの運動の傍観者ではなく、最初から最後まで参加した者として、この運動の多くの理念に共感しており、その影響も強く受けています。したがって、報告の際に参加者として感じたことも皆さんと共有できればと考えています。第二に、これから皆さんにお見せする貴重な写真の一部は、私の友人である蕭雲さんが撮影したものです。彼はこの運動にもっともコミットしている市民ジャーナリストであり、何度も逮捕されています。ここで、彼が、これらの写真の使用を許可してくれたことに対し、感謝の意を表したいと思います。

今日のテーマは「雨傘運動と『一国二制度』の未来」です。雨傘運動の具体的な経緯と一国二制度に対する影響について、皆さんと一緒に検討したいと思っています。私の報告は時系列で歴史を振り返り、香港の民主化の背景とその発展過程を紹介したうえで、次に雨傘運動が起きたプロセスを分析し、最後に雨傘運動の意義とそれが一国二制度に対してもたらした挑戦を分析するというようにしていきたいと思います。

雨傘運動とは何であったか

まず、雨傘運動（umbrella movement）とは、何であったのかということについてお話しします。それは二〇一四年九月二八日に始まり、一二月一五日に終結した七九日間にも及ぶ香港市民による市中心部の占拠という大規模な民主化運動でした。この運動に「雨傘」という名前がかぶせられているのは、参加者が示威行動の中で雨傘を使って警察のペッパースプレーや催涙弾による攻撃に抵抗し、雨傘がまるで海のように繋がっている風景が見られたためです[1]。

雨傘運動のテーマは、「真の普通選挙が欲しい」というところにありました。すなわち、中国政府が「香港基本法」の中で約束した政治改革を推進して、二〇一七年には、香港人の一人一票による香港特別行政区の首長を選挙する権利を保障するということです。この運動における抗争の手法は、主に市中心部の道路を平和的で非暴力的な手段で占拠することであったため、大規模な市民的不服従（civil disobedience）運動であったということができます。香港中文大学「メディアと民意調査センター」の調査によると、運動の全期間にわたって、三〇％以上の香港人が占拠行動を支持し、一三〇万人以上の市民が実際に現場に赴いて運動に参加した[2]（香港の総人口は約七〇〇万人）とのことです。

言い換えれば、雨傘運動は単なる学生運動ではなく、香港史上最大規模の全民衆による民主化運動でもありました。参加者には社会の各階層の人びと、例えば学生、知識人、ホワイトカラー、工場労働者、そして定年退職者も含んでおり、各種社会団体による支援も得られました。

中英連合声明と基本法

香港のように経済的に繁栄している国際的な大都市で、中国に返還されて一七年目の年に、なぜ、これほどまでに世界を驚かせた民主化運動が起こったのでしょうか。この疑問に答えるためには、歴史を少し振り返る必要があります。

香港は元々は中国の南にある無名の小さな島でした。一八三九年に中国とイギリスとの間の貿易摩擦によってアヘン戦争が勃発し、清朝政府が敗北したため、一八四二年に「南京条約」が締結され、香港は植民地としてイギリスに割譲されました。一八六〇年に両国の間に再び戦争が起きて、中国が再び敗北し、「北京条約」の締結を余儀なくされ、九龍半島がイギリスに割譲されました。一八九八年に清朝政府は、さらにイギリスと「展拓香港界址専条」を締結し、九龍の界限街以北と深圳河以南の土地をイギリスが租借し、その期間を九九年、すなわち一九九七年六月三〇日までとしました。これが香港問題の歴史的な背景です。

一九八〇年代初頭になると、中国政府は一九九七年に香港を回収することを決め、香港の将来についてイギリスと協議を重ね、一九八四年に「中英連合声明」を締結しました。声明によれば、香港の主権は一九九七年に返還され、中国の特別行政区になることになるが、国防と外交以外の事柄については香港は高度な自治権を享受し、現行の社会および経済制度も維持されることになっていました。ここで留意しなければならないのは、当時の香港社会には大きな動揺が走っており、香港の人びとは将来に対して多くの不安と恐怖を抱えていましたが、香港人が中英の協議の過程において何らかの役割を果たすことはなかったということです。

連合声明が締結された後、中国政府は一九八五年に香港特別行政区の基本制度を決める基本法の起草をはじめ、一九九〇年にそれを公布しました。基本法は香港の「小憲法」であり、特に注目に値する条文も含まれています。例えば、第二条は「全国人民代表大会は香港特別行政区に本法の規定に基づき、高度な自治を実施し、行政管理権、立法権、独立した司法権および終審権を享有する権限を授与する」と規定しており、第五条は「香港特別行政区では、社会主義制度と政策を実施せず、本来の資本主義制度と生活方式を五〇年間維持する」と規定しています。

この二か条はいわゆる「一国両制、港人治港［一国二制度、香港人が香港を統治する］」の具体的な表れといえます。多くの香港人にとって、この二か条は彼らを安心させる「鎮静剤」になりました。なぜなら、彼らの多くは中国政府による統治から逃れるために香港に移民していたからです。主権の返還が変えられない事実である以上、鄧小平が提起したこの一国二制度の構想が本当に実現できれば、最低限香港には社会主義制度を実行しないことが保障されると彼らは考えたわけです。

ただし、留意すべきことは、基本法が公布されたのが一九九〇年という年であったということです。前年の一九八九年には、中国共産党の胡耀邦元総書記の死をきっかけに中国で大規模な民主化運動が勃発し、最終的には数千人の北京の学生と市民が、軍隊によって六月四日に血腥い弾圧に遭遇していたということが重要なポイントです。

この民主化運動に対しては、香港は北京から遠く離れてはいるものの、学生運動に対する共感から、無数の香港人が積極的に支援運動に参加しました。一〇〇万人以上の人びとの参加によってデモが組織され、多くの香港人がお金と力を出し合い、天安門広場でハンガー・ストライキを行っている学生に大量の物資をカンパしました。また、大規模な弾圧の後には、親中派の団体でさえも、新聞や雑誌上で中国政府を非難する声明を出しました。それと同時に、多くの民主活動家がさまざまな方法で香港に亡命し、そこから政治難民の身分でアメリカやヨーロッパに渡っていきました。

すなわち、一九八九年は、香港人にとって民主主義の啓蒙の年であって、香港を根本的に変えるとともに、中国政府の香港に対する統治の方向性をも徹底的に変えた年でした。一九八九年の北京における学生運動がなければ、二〇一四年の雨傘運動を理解することは困難であるとさえいえます。六四天安門事件を経て、香港人ははっきりと中国共産党政権による独裁政治の残酷さを認識し、恐怖を覚えました。しかしながら、主権の返還は目前に迫っており変えられない事実であるため、多くの香港人は外国へ移民することを選んだのです。香港に残ると決めた人や離れられない人は、香港の民主化を加速させなければ、香港の自由、法治と本来の生活方式を効果的に保障することはできないと認識するようになりました。香港の民主化についてのこのような考え方は、当時のイギリスの保守党政権の観点と一致していたため、最後の香港総督であるクリストファー・パッテン（Chris Patten）が一九九二年に香港に着任して早々、政治改革を推進し、中国による強い反対にもかかわらず、立法局の選挙方法を変える法案を採択し、直接選挙の割合を大きく高めました。なお、一九九一年と一九九五年に行われた立法局の直接選挙において、民主派はいずれも圧倒的な勝利を獲得します。

一方では、中国政府は香港の政治的発展にきわめて大きな不安を感じるようになります。彼らにしてみれば、香港人による北京の学生運動に対する支持は、香港が反共産党の基地に変わったということを意味しました。香港人の民主主義に対する渇望が、一九九七年に主権が返還されたのち、香港における民主化の発展をもたらし、全体の情勢をコントロール不能にするのではないかという心配を彼らにもたらしました。したがって、クリストファー・パッテンによる「政治改革」に反対するために、中国はイギリスとの徹底的な決裂をもためらわず、別に臨時立法会を組織し、一九九七年以前の香港政庁による、過渡期の香港政治に関する取り決めを徹底的に否定したのです。

中国政府による普通選挙引き延ばし

このような状況下において、中国政府と香港の民主派との関係は極端に敵対的なものになり、相互信頼の基盤も失われました。さらに民主派の主要リーダーであった司徒華［香港市民支援愛国民主運動連合会主席］と李柱銘［香港民主同盟主席］の二人は、基本法の起草委員会への参加を公然と辞退しました。結果的に一九九〇年に公布された基本法は、その全体的な方向性として、制度設計を通じていかにして香港に対する統治権をしっかりと握り、民主派が選挙を通じて権力を取得するのを防ぐのかに腐心しており、種々の障害を設けて、意図的に香港における民主主義の発展を遅らせようとしました。

その最も典型的なものは、基本法第二三条が、特別行政区政府は自ら「国家に対する反逆、国家を分裂させる、反乱を扇動する、中央人民政府を転覆する、国家機密を窃取するいかなる行為」

をも、法律の制定によって禁止しなければならないと規定していることでした。特別行政区政府が二〇〇三年にそれに関する立法手続を発動させようとしたとき、広汎な市民が強い不満を抱き、五〇万人規模の抗議活動が引き起こされたため、当時の行政長官である董建華の早期退任に繋がり、立法作業の棚上げをも余儀なくされ、今日に至っています。

もう一つの重要な措置は、香港特別行政区の行政長官の直接普通選挙および立法会議員の全面的な直接選挙の進展を一貫して遅らせていることです。行政長官の選出方法について、基本法第四五条は以下のように規定しています。「行政長官の選出方法は、香港特別行政区の実際の状況と順を追って漸進的に推進するという原則に基づいて規定し、最終的には広範な代表性を有する指名委員会が民主的手続に従って指名した後、普通選挙によって選出することを目標とする」。しかしこの条文は、いったいいつになったら香港で行政長官の普通選挙が実施されるのかということについて、完全に言葉を濁しています。「実際の状況」とは何を指すのか、いかにして「順を追って漸進的に推進する」のか、指名委員会をいかにして組織するのか、いわゆる「民主的な指名手続」とは何であるのかについて、いずれも広い解釈の余地が残されているためです。

実際の状況はまさに以下の通りです。一九九七年に主権が返還された後、最初の行政長官は四〇〇人から構成される選挙委員会によって選出されました。第二回と第三回の時は八〇〇人に増員され、二〇一二年の第四回の時に選挙委員は一二〇〇人に増やされました。しかし、この種の「順を追って漸進的」な人数の増加は、なんら実質的な変化はもたらしませんでした。中国政府は、選挙委員会の大多数の構成員の、投票に影響する絶対的な力を持っているため、民主派にも選挙に参加する機会はあるものの、勝つ可能性は皆無であるからです。

中国政府によるこの種の引き延ばし政策は、民主主義意識を日増しに高めている香港社会において、きわめて大きな不満を引き起こすことになりました。さまざまな抗議運動は後を絶たず、香港政府による統治の威信にも重大な影響を与えることになりました。しかし同時に、民主主義を獲得していくための路線と政策をめぐって、異なる見解を持つ民主派内部の相違が現れるようになってきました。

全国人民代表大会の「普通選挙」案

二〇〇七年になってようやく、全国人民代表大会（全人代）常務委員会は将来の行政長官と立法会の普通選挙について、きわめて重要な決議案を採択しました。すなわち、二〇一七年の香港特別行政区第五回行政長官選挙は普通選挙によって選出する方法を実施してもよい。行政長官が普通選挙によって選出されて以降、香港特別行政区立法会の選挙も全部の議員について普通選挙によって選出する方法を実施してもよい、と。ただし、この決議案の最後に、全人代常務委員会は以下のように強調しました。「香港特別行政区の行政長官を普通選挙によって選出する方法を実施する際に、広範な代表性を有する指名委員会を組織しなければならない。指名委員会は『香港基本法（附件一）』における選挙委員会に関する現行規定を参照して組織することができる。指名委員会は民主的手続に従って若干名の行政長官候補者を指名し、香港特別行政区における有権者全員による普通選挙によって行政長官を選出し、中央人民政府に報告して任命を受ける[3]」。

この決議案は二つの重要なメッセージを発信していました。第一に、二〇一七年に香港は普通選挙によって行政長官を選出してもよい（しなければならないというわけではない）。第二に、普通選挙の方法をとっても、誰が選挙に立候補する資格を有するのかについて、指名委員会によって決定されなければならない。指名委員会の大多数の構成員は中国側がコントロールしているため、中国側が受け入れられない政治的人物は選挙に立候補する権利を剥奪される可能性がきわめて高い。

この決議案が公布されたとき、すでに多くの民主派人士は中国政府による行政長官の普通選挙に関する建議が、最終的には単なる「鳥籠のプラン」になる可能性が高いと気づいていました。すなわち、普通選挙とは名ばかりのものであって、実際には普遍的かつ平等な選挙権と被選挙権を伴うものではないと。そのため、民主派にとって、どのような態度と方策を採用すれば、中国政府に香港に真の普通選挙を与えるという約束を守らせることができるのかということが、雨傘運動が起きる前、数年間の民主化運動の焦点になりました。その間、民主派内部の穏健派と急進派との間には大きな分岐が生じました。急進民主派による「五区公投」運動［五つの選挙区の五名の民主派議員が一斉に辞職し、補選の際に普通選挙の実現を争点として取り上げて民主派議員が再選されれば、民意は普通選挙の実現を望んでいるということを示すことができ、それは普通選挙に関する間接的な住民投票（公投）になると主張して行われた政治運動。結果的に、五名の民主派議員が全員再選を果たした］もあれば、穏健民主派が中央政府駐香港連絡辦公室に入って、中国側の役人と「密室会談」を行ったという、前代未聞の出来事もありました。香港人は焦りと不安を強く感じながらも、多少なりとも一縷の期待を持っていたわけです。目前に迫っている政治改革に関する大きな議論が中国政府を譲歩させ、香港人に真の民主主義を味わう機会をもたらすという期待がありました。

以上のような背景を踏まえて、雨傘運動直前の状況を見てみることにしましょう。なぜ「オキュパイ・セントラル」［占領中環］運動は出現したのでしょうか。また、この運動は、いかにして一歩一歩その後の雨傘運動へと続いていったのでしょうか。

「オキュパイ・セントラル」の提起

二〇一三年一月一六日、香港の『信報』に「市民的不服従の最大の殺傷力を持つ武器」［公民抗命的最大殺傷力武器］というタイトルの文章が掲載されました。筆者は戴耀廷という香港大学法学院の副教授です。この文章の中で、筆者はきわめて大胆な構想を提起しました。すなわち、将来の、とある重要な時に、民主派は一万人以上の参加者を集めて、平和的・非暴力的な方法で香港の経済と政治の中心である中環（セントラル）地域を占拠し、市民的不服従を実践して世界の注目を集め、それを最大の政治カードとして中国政府と交渉し、二〇一七年の真の普通選挙の実現を勝ち取ろう、という構想です。

戴教授は所属する党派もなく、主に憲法理論と中国の憲政改革について研究しており、新聞や雑誌に時事問題を論ずる文章をよく発表をするものの、積極的に社会運動に参加するような人ではありませんでした。彼自身も、香港社会でこの文章が爆雷のようにきわめて大きな反応を引き起こし、マスコミ、政党、NGO、知識界と大学生がこぞって「オキュパイ・セントラル」という行動に強い関心を示し、多くの人がそれに参加する意欲をはっきりと表明するようになるとは、一切予想していなかったのです。

二〇一三年三月二七日、戴耀廷は香港中文大学社会学系の陳健民副教授とキリスト教の朱耀明牧師とともに、三人で「占中三子」〔オキュパイ・セントラル運動の三人の発起人〕となって、正式に「和平占中」〔愛と平和で中環を占拠する〕運動の発動を宣言しました。朱耀明と陳健民はいずれも社会的に尊敬される、社会運動の経験を豊富に有するベテランの民主派であるので、ちょうど戴耀廷と協働の効果を発揮できると考えられたのです。

その後の一年間の間に、「オキュパイ・セントラル」は香港政治の中で最も注目され、かつ激しい社会的分断を引き起こすことになりました。香港大学民意調査センターの調査によると、オキュパイという手段で真の普通選挙を勝ち取ることを支持していた市民は約二五%で、反対者は五〇%を超えていました。つまり、香港社会はけっして、市民的不服従運動に対する多数の支持を形成していたわけではなかったのです。それにもかかわらず、この種の急進的な社会抗争がこれほどの支持率を獲得したこと自体が、驚きに値することでしょう。特に留意しなければならないのは、この種の支持は親中派のメディアや政治組織が各種の力を動員して、オキュパイ運動に対する圧倒的なネガティブキャンペーンと攻撃に晒されながら獲得したものであるということです。

戴耀廷は西洋の「熟議民主主義」(deliberative democracy)の理念に強い影響を受けているため、運動のアジェンダ設定と基本的立場は少数の指導者によって決定されるべきではなく、すべての参加者による熟慮の末の理性的な議論を経て共通認識を形成しなければならないと強調していました。したがって、オキュパイ・セントラルは、前後計三回の大規模な討論会を開催し、「オキュパイ運動の中心的なアジェンダは何であるのか」、「あなたの心の中の行政長官の選挙方法の原則は何であるのか」、「あなたの心の中の普通選挙の具体案を選んでください」といったテーマについて順を追って討論を行いました。毎回の討論会は、いずれもグループワークの形で進行し、参加者はそれぞれ異なる社会階層に属しており、討論の時間は四、五時間に及ぶものでした。このような方法による民主主義の実践と市民教育は、香港では前代未聞のことであり、その過程も挑戦に満ちていましたが、きわめて貴重な共同学習の過程でもありました。

「和平占中」は最初から自身を市民的不服従運動と位置付けており、この理念はその後の雨傘運動に深い影響を与えることになりました。市民的不服従とは何であるのか。簡単に言えば、市民があえて法律に違反する方法で社会抗争を行い、かつそれによってもたらされる法的効果を受け入れることです。特に重要なのは、その行動は往々にして公然、平和、非暴力的な方法で進められ、それによってその正当性を示し、より多くの市民の支持を勝ち取ろうとするということです。市民的不服従は長い伝統を持っていて、アメリカの作家ヘンリー・デイヴィッド・ソロー（Henry David Thoreau）、インドのマハトマ・ガンディー（Mohandas Karamchand Gandhi）、アメリカのアフリカ系アメリカ人公民権運動の指導者マーティン・ルーサー・キング（Martin Luther

King Jr.）、および南アフリカの元大統領ネルソン・マンデラ（Nelson Rolihlahla Mandela）などがその典型的な代表者であって、世間から尊敬されています。政治哲学においては、アメリカの哲学者ジョン・ロールズ（John Rawls）の市民的不服従に関する理論も広く議論されています。[4]

どうして違法な方法と知りながら抗争しなければならないのでしょうか。そのことは香港にとって最も重要である法治の精神を破壊し、社会の混乱を引き起こす可能性があるのではないのか、これが多くの市民の懸念であり、その後のオキュパイ運動において何度も提起された疑問でした。実際のところ、「占中三子」は二つの疑問に答えなければなりませんでした。第一に、オキュパイ運動は正義であるのか。第二に、オキュパイ運動は効果的であるのか。前者は目標の正当性に関わる問題で、後者は手段の合理性に関わる問題といえます。

この二つの問題は、いずれも簡単に答えられるものではありません。オキュパイ・セントラルは、本当に戴耀廷が想像したように殺傷力を持つ武器となって、最終的に中国政府の妥協を引き出せるか、これについて大部分の人は楽観的ではありませんでした。多くの運動参加者さえも「できないことと知りつつ、あえてやってみる」という気持ちで参加していたのです。オキュパイ運動が目指す真の普通選挙自体に関しては、その正当性に疑問を持つ人はきわめて少ないわけですが、この種の大規模な市民的不服従運動を通じて、それを実現する価値があるかどうかについては、意見を留保している人が多かったのです。結局のところ、多くの香港人にとって、法治と秩序こそが香港の繁栄の基礎であったのですから。

二〇一三年に戴耀廷がオキュパイ・セントラルの構想を提起してから、二〇一四年一二月に雨傘運動が終結するまで、これらの問題はずっと香港人を悩ませ、重大な社会的分断を引き起こすことになりました。ここで問題提起されたことは、簡単に答えが求められるようなものではありません。皆さんには、オキュパイ・セントラル運動と雨傘運動を経て、市民的不服従が一種の抗争の理念として、香港に深い影響を与えたということを認識していただきたいのです。

「行政長官は『愛国愛港』でなければならない」

二〇一三年一〇月、行政長官梁振英が、政治改革諮問専門グループの設立を発表しました。このグループは政務司司長林鄭月娥、律政司司長袁国強、および内地事務局局長譚志源の三人によって構成され、二〇一六年の立法会選挙と二〇一七年の行政長官選出方法について五か月間に及ぶ諮問を行い、まとめられた最終案を立法会の審議と採決に付すことになりました[5]。香港の政治改革の幕が正式に開き、香港人がこの一戦を通じて真の民主主義を勝ち取ることができるかどうかという問題はきわめて重大な局面を迎えたため、各種政党と政治団体の政治動員もだんだん熱いものになってきました。

政治改革の諮問における最重要事項は二〇一七年行政長官選挙における指名委員会の構成でした。なぜなら、二〇〇七年の全人代決議案に「香港特別行政区の行政長官を普通選挙によって選出する方法を実施する際に、広範な代表性を有する指名委員会を組織しなければならない」とする規定が設けられていたからです。つまり、指名委員会がいかなる方法で組織され、その権力と地位がいかなるものであるのかという問題は、どんな人が候補者になり得るのかということに直接的な影響を及ぼすわけです。この指名委員会が、二〇一二年行政長官選挙の際の選挙委員会をそっくりそのままなぞって、四つのグループ計一二〇〇名の委員を設けるといった方法を採用するならば、民主派の候補者は選挙に参加する機会さえも奪われてしまう可能性がきわめて大きいと、民主派はとても憂慮しました[6]。

これに対して、複数の政党と政治団体が各種の改良案を提示しました。指名委員会の民主化の度合いを大幅に向上させること、例えば会社および団体票を廃止し、各分野の従業員がいずれも投票権を享受できるように改めることで、いわゆる「広範な代表性」を真に実現すべきだと主張する者もいれば、もう一歩進んで、他国の経験を参考に、政党による指名と市民による指名を導入し、候補者名簿の作成における指名委員会の独占を打ち破るべきだと主張する者もいました。当時の各種改良案の中で、最も代表的なものが、香港における一二の民主派政党と団体によって構成された「真普選連盟」(Alliance for True Democracy)が提示した「三線平行制」というものです。それは以下の三つを並行的に求めるものでした。

一、市民による指名：登録している有権者の一％以上の署名を得て候補者に指名される。

二、政党による指名：直近の立法会選挙において、直接選挙の部分における香港全体の有効投票数の五％以上を獲得した政党または政治団体が、単独または共同で一名の候補者を指名する。

三、指名委員会による指名：指名委員会の構成員が直接候補者を指名する。

この改良案の中で最も重要な点は「市民による指名」を要求したことでした。これは香港民主派の最大のコンセンサスであったといえます。理由ははっきりしています。市民による指名さえあれば、民主派は中国側のコントロールを乗り越え、民意に直接訴えることで行政長官選挙に参加する資格を獲得し、真の普通選挙を実現できるからです。したがって、諮問の全過程において民主派は全力で各種の政治動員を行いました。それには、デモ行進、フォーラム、民意調査、住民投票等が含まれていました。香港市民の最大限の支持を獲得し、中国政府に最大限の圧力をかけることで、最終的な案が自分たちの理想に可能な限り近づくことを期待したわけです。

ところが、中国政府と香港政府は期待に反して一歩も譲りませんでした。指名委員会が実質的かつ最終的な指名権を有しており、いかなる形式の市民または政党による指名も基本法の規定に反すると繰り返し強調したのです。二〇一四年七月一五日、香港政府は中央政府に政治改革に関する報告書を提出し、政治改革の第一歩を踏み出しました。その中で、行政長官の候補者は「愛国愛港」でなければならず、指名委員会は二〇一二年の選挙委員会における四つのグループ分けと選出方法を踏襲するという提言が盛り込まれました。言い換えれば、改革に関する民主派のあらゆる訴えは容赦なく退けられてしまったのです。香港の人びとは、自分たちの民主主義を求める意志がどんなに強くても、中国側は結局、香港に真の民主主義を与えるつもりはないのだと認識するしかありませんでした。中国側にしてみれば、それを与えることは香港に対する絶対的なコントロールが失われることを意味していたからです。最終的な結論は二〇一四年八月三一日の全人代常務委員会の決定によって示されることになりました。

この最終結論についてお話しする前に、その年の夏に香港で起きた三つの出来事について留意しておくべきだと思います。一つは、二〇一四年六月一〇日、中国の国務院が『香港特別行政区における「一国二制度」の実践』という白書を公表したことです(7)。この白書は二万字にも及ぶ長大なもので、香港返還後の一国二制度の実施状況を振り返り、それまでさほど強調されてこなかった「一国二制度」に関する中国政府の立場をあらためて表明するものでした。具体的には以下のような内容です。

第一に、中央政府は香港に対する全面的な統治権を有していることの宣言です。すなわち、「香港特別行政区の高度な自治権は固有のものではなく、その唯一の源は中央政府からの授権である。香港特別行政区が享有する高度な自治権は完全な自治ではなく、また分権でもなく、中央が授与する地方事務の管理権である。高度な自治権の限度は、中央がどれだけの権力を授与するかによって決まり、香港特別行政区はそれに応じた権力を享有することになり、いわゆる『余剰権力』は存在しない」。つまり、中国が以前から繰り返し強調してきた「港人治港、高度自治」には実は前提条件があって、香港のあらゆる自治権は中央から授与されたものでなければならないということです。香港人が言うことを聞かず、あるいは中央の権威に挑戦するならば、香港の自治権はいつでもはく奪できることになります。

第二に、二制度は一国に従属するものであって、一国こそが根本であるということ。すなわち、「『一国』は『二制度』を実行する前提と基礎であり、『二制度』は『一国』に従属しそこから派生するとともに、『一国』の中に統一されている。『一国』の中の『二制度』は決して同じウェイトではなく、国家の主体は必ず社会主義制度を実行しなければならず、これは今後とも変わらない」。つまり、一国には絶対的な権威があり、香港における資本主義制度は一国が特別に許可した結果であって、一国における社会主義制度に挑戦することは絶対に許されないということです。

第三に、「港人治港」は愛国者を主体としなければならないこと。すなわち、「愛国は香港の管理者主体に対する基本的な政治的要求なのである。もし香港の管理者が愛国者を主体とせず、あるいは香港の管理者主体が国家と香港特別行政区に忠誠を尽くさなければ、『一国二制度』の香港特別行政区における実践は正しい方向からそれてしまうだろうし、国家の主権、安全、発展の利益を確実に守ることができないのみならず、香港の繁栄・安定と広範な香港人民の福祉も脅かされ、損なわれることになるだろう」。つまり、「愛国」は行政長官の候補者が満たさなければならない条件であり、何をもって愛国とするかに関しては、中国側が決めるというわけです。

この白書の公表で、香港社会に大きな衝撃が走りました。一九九七年の香港返還以降、中国政府がこれほど強硬かつ尊大な言葉遣いで香港人に警告したのはこれが初めてだったからです。その目的は明確でした。つまり、政治改革の問題においては、いかなる幻想も抱くべきではなく、ましてや市民的不服従で中国政府から何らかの譲歩を引き出せると考えるべきではないと香港人に分からせることです。さらに中国政府にしてみれば、行政長官選挙の問題はもはや国家の主権および安全保障のレベルに達しており、そのため、将来の行政長官の候補者は中国側が信頼できる「愛国者」でなければならないとされていることは、香港人を驚かせました。言い換えれば、いわゆる民主的な選挙も、中国側のコントロール下に置かれなければならないということです。

オキュパイ・セントラルの予行演習

白書が公表されてから一〇日後の六月二〇日に、「和平占中」は香港大学民意研究プロジェクトに依頼して民間レベルの住民投票を組織し、全香港市民に対して三つの政治改革案から一つを選んでもらい、それによって「オキュパイ・セントラル」の最終案を決定するとしました。市民は元々はこの住民投票に冷淡な態度を示していましたが、中国の白書に刺激され、一〇日という短い期間のうちに、ハッカーによるネット攻撃を受けながらも、最終的には七九万票を集めて、中国政府に最も直接的な応答を行うことになりました。

住民投票は二つの設問を設けていました。第一に、二〇一七年の行政長官選挙について、三つの案のうちどれを支持するのか。結果、三三万人（四二・一％）が前記「真普選連盟」の案を選びました。また、「香港専上学生聯会」（「学聯」）と「学民思潮」が共同で発案した学生たちの案は三〇万人（三八・四％）の支持を獲得しました。この二つの案に共通するのは、市民による行政長官の候補者の指名を支持していることです。第二に、最終的な政府案が国際的な基準から見て有権者に真の選択権を与えていない場合、立法会はそれを否決すべきかどうか。結果、六九万人（八七・八％）が「否決すべきだ」を選びました。(8)

この住民投票は何らの法的拘束力も有しないうえ、香港政府と中国政府の両方から否定されていますが、これは重大な意義を持っているといえます。まず、投票した人の数がすべての人の予想を超えていて、香港人による意識的な集団的意思表明と見ることができます。この歴史的な意思表明は、中国側に香港人が真の普通選挙を勝ち取る決意であることをはっきりと示しました。つまり、指名委員会による制限を突破し、将来の行政長官選挙には「市民による指名」が必要であり、候補者の指名権は有権者に手渡さなければならないということです。この住民投票は「和平占中」の行動にも重要な正当性の根拠を提供することになりました。すなわち、もし政治改革が失敗すれば、その後の「オキュパイ・セントラル」は多くの香港人の支持を得ることになるでしょう。最後に、住民投票が民主派政党に対して共通する最低の要求ラインを設定したことです。つまり、最終的な案が真の普通選挙に合致しなければ、立法会の議員は市民の代表として、それを否決しなければならないということです。

ここまできて、中国政府と香港の民主派との関係は、もはや決裂したに近いと言っていいだろうと思います。香港の民主主義を求める機運は高まりました。この雰囲気の中で、二〇一四年七月一日に行われた香港返還日の大規模なデモ行進は、五一万人の参加者という記録を打ち立てました。[9] 例年の返還日のデモ行進と同じように、デモで掲げられたテーマは多岐にわたっていました。市民はさまざまな理由で街頭に繰り出していたのです。しかし、私が現場で観察したところ、

7月1日は香港が中国の統治に復帰した記念日であると同時に、香港人が中国共産党の統治に反対するデモをする日である。この年のデモ参加者はとても多く、夜になっても人波はひかず、バスの運行はストップした。市民は、当時の特別行政長官・梁振英に反対するスローガンを車体に貼り付けた（2014年7月1日・銅鑼灣）。

やはり二〇一七年に真の普通選挙の実現を求めることこそがこの日のデモの主軸であって、「占中三子」も街頭で多くの市民の支持を集めていました。

夜一一時にデモが終わった後、「学聯」と「学民思潮」はデモの参加者に対して、中環（セントラル）にある「遮打道（チャーター・ロード）」で集会を開こうと呼び掛けました。「オキュパイ・セントラルの予行演習」を行い、近い将来行われる大規模な占拠運動の準備をしようという主張でした。しかし意外なことに、この行動には「占中三子」は参加しなかったのです。まだその時期ではないというのがその理由でした。その日の夜、私は現場にいました。数百人のデモ参加者が

中高生組織「学民思潮」は「全民普選」「民主必勝」の幟を手にデモに参加した（2014年７月１日・中環）。

さまざまな組織が町中を宣伝物で飾り付ける。バザーでは「公民抗命（市民的不服従）」と書かれたシャツが売られていた（2014年７月１日・灣仔）。

500人を超える市民が「学聯」「学民思潮」の呼びかけに応え、一緒に中環の遮打道（チャーター・ストリート）に座り込んだ（2014年7月2日・中環）。

町の中心にある道路の真ん中に座り込んでいました。その中には学生や、政党およびNGOのメンバー、公職にある者、立法会の議員もいれば、年を取った老人もいました。彼らは肩を並べて座っていて、恐れるものは何もなく、静かに警察による強制排除を待っていました。強制排除は明け方の三時に始まり、朝の八時まで続いて、最終的には五一一人が逮捕されることになりました。この事件は香港で幅広い注目と同情を集め、私と香港中文大学の二人の同僚が起草した学生を支持する声明は、わずか三日間で五〇〇名以上の大学教員の連署を得ました。

この行動は二つの特別な意義を有していたと思います。

学者たちがステージで民主運動支援のアピール。右は周保松（2014 年 7 月 2 日・中環）。

大学生組織「学聯」はデモの終了後、セントラルで「オキュパイ予行演習」をしようと呼びかけた（2014 年 7 月 2 日・中環）。

警察が座り込み参加者を強制排除しようとすると、市民の抗議を浴びた（2014年7月2日・中環）。

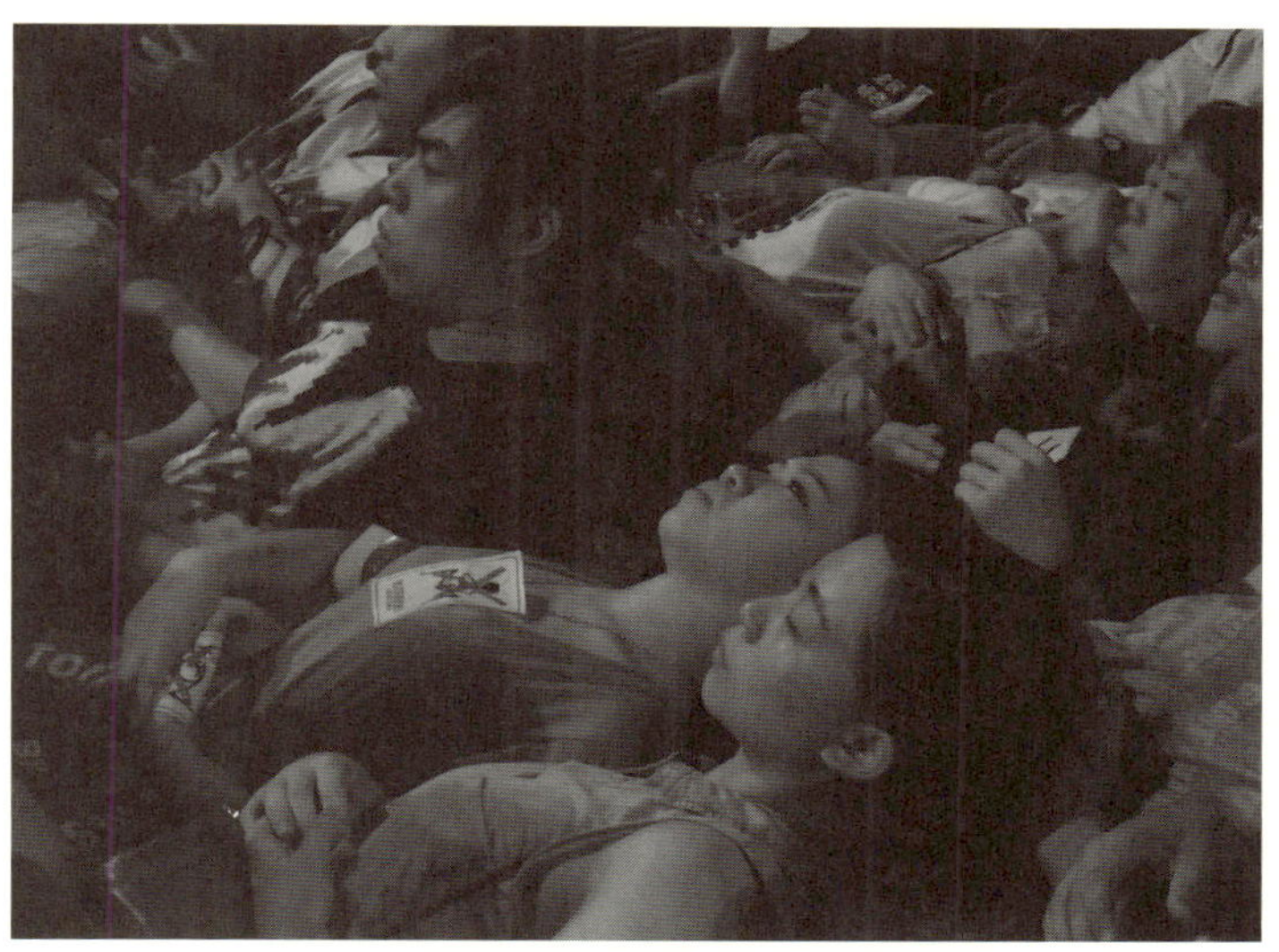

市民は腕を組んで寝転び、警察の排除に抵抗した。最終的に511人が逮捕された（2014年7月2日・中環）。

第一に、これは戴耀廷氏市民的不服従の理念を提起してから、初めて行われた大規模な占拠運動であったということです。しかもこの場所はまさに中環（セントラル）であって、名実ともに「オキュパイ・セントラルの予行演習」となりえたということです。その後の雨傘運動の発展はたしかにすべての人の想像を超えるものでしたが、このときの占拠運動が、抗争者にとっては格好の試練の機会を提供したことになりました。あとから振り返ると、この行動は実に重要な一歩を踏み出すものであったわけです。民主主義のために、多くの香港人はより大きな代償を支払う意志を持っていることを、はっきりと示した行動でした。

第二に、この行動を計画・指導したのが「学聯」と「学民思潮」であって、「占中三子」は自ら進んでそこに参加する機会を放棄したということです。「学聯」は香港のすべての高等教育機関の学生会を代表しており、事務局長は香港大学の周永康でした。「学民思潮」の指導者は黄之鋒であって、これは主に中学生（高校生を含む）によって構成されていましたが、やはり若者世代を対象としているものです。この二つの学生組織は「和平占中」と同じ目標を持っていますが、あらゆる時代の学生運動参加者と同様に、非常に強い理想と原則を有していて、より積極的、より大胆な方法で社会抗争に取り組む意欲を持っていました。

また、二〇一四年三月に台湾で起きたひまわり学生運動も、香港の学生組織に相当大きな影響を与えたということに留意すべきです。ひまわり学生運動において、台湾の大学生は国民党が提案した『海峡両岸サービス貿易協定』に反対するために、市民的不服従の方法で立法院を十数日にわたって占拠し、最終的には立法院に譲歩させることに成功しました。ひまわり学生運動の経験は香港の学生の抗争意識と抗争策略にとって大きな励みとなりました。その後の九月二六日に行われた公民広場［政府本部庁舎に隣接する広場］を占拠する行動も、恐らくひまわり学生運動の経験を参考にしたと思われます。

「オキュパイ・セントラルの予行演習」以後、「学聯」、「学民思潮」および「和平占中」という三つの組織はその後の雨傘運動における最も重要な三つの勢力となりました。彼らは互いに協力し合うものの、その内部には各種の緊張関係も同時に存在していました。この種の関係は雨傘運動の開始後も続いており、運動の期間中に多くの食い違いも生み出しました。

ここで少しまとめると、香港は二〇一四年七月までに先に述べたような複数の重大事件を経験してきました。それに加えて、香港政府が民主派の改革案を否定したことも、中国政府が大規模な民衆運動を動員して「和平占中」に対抗しようとしたことも、香港社会内部の分断をますます深刻なものにしました。民主派と中国政府との間の対立も、日増しに鋭くなっていきました。多くの香港人は心の中で理解していました。中国政府が真の普通選挙を承諾する可能性はきわめて低いので、どうしようもないと分かっていても、占拠運動はやらざるを得ない最終の手段であろうということを。

全人代八三一決定

二〇一四年八月三一日は香港の民主主義運動史上の重要な一日であり、雨傘運動の導火線ともなりました。この日、全国人民代表大会常務委員会が「香港特別行政区行政長官の普通選挙問題と二〇一六年立法会の選出方法に関する決定」〔全国人民代表大会常務委員会関於香港特別行政区行政長官普選問題和二〇一六年立法会産生辦法的決定、以下八三一決定〕を採択したからです。この決定は主に以下の四点を含むものでした。

(一) 広範な代表制を有する指名委員会を必ず組織しなければならない。指名委員会の人数、構成および委員選出方法は、第四期の行政長官選挙委員会の人数、構成および委員選出方法に従いこれらを定める。

(二) 指名委員会は、民主的手続に従い二ないし三名の行政長官候補者を指名して選出する。各候補者は、いずれも必ず指名委員会の委員全体の半数以上の支持を得なければならない。

(三) 香港特別行政区の適格選挙有権者は、いずれも行政長官選挙権を有し、法により行政長官候補者から行政長官候補一名を選出する。

（四）行政長官候補は、普通選挙を経て選出された後に、中央人民政府がこれを任命する。[10]

この決定を見れば分かるように、民主派が要求していた「市民による指名」と「政党による指名」はいずれも否決されてしまいました。また、指名委員会の組織方法も変わっておらず、委員会の大部分の構成員は今まで通り中国側による支配を受けることになります。そして、行政長官の候補者は委員会における過半数の支持を得る必要があるため（すなわち、最低でも六〇〇票が必要）、中国側にとって十分に「愛国愛港」でない者は、最初から候補者になれないということになるのです。

こうした改革案は、形式的には行政長官が一人一票で選出されるように見えますが、候補者名簿が中国側に掌握されているため、紛れもない「鳥籠の民主」であって、真の民主主義的選挙とは到底言えません。さらにこの案は、以前と比べて進歩したどころか、後退したと言ってもいいものです。なぜなら、前の二回の行政長官選挙において、民主派はいずれも選挙委員会の中で十分な票を確保して一名の候補者を推挙できたのに対して、この案ではそのような機会はほぼ不可能となっているからです。「我要真普選」［真の普通選挙を求める］が雨傘運動の中で香港人に一番多く叫ばれたスローガンとなったことも、さらにはこの五文字が書かれた黄色い垂れ幕がロック・クライミングの愛好家たちによって香港を象徴する獅子山（ライオン・ロック）の山頂にかけられたことが人々の心を震撼させた一幕となったのも[11]、そのためです。

八三一決定が公布されたその日に、香港人は徹底的に絶望したと言ってもいいでしょう。香港の民主化運動は、あれだけの年月をかけたにもかかわらず、活路を見出せないところまで来てしまったように見えました。立法会がこの最終案を受け入れてしまえば、香港では永遠に真に民主的な政体が誕生しないことになります。「和平占中」はその日の夜に金鐘に位置する香港政府本部の隣にある「添馬公園（タマル・パーク）」で集会を開きました。参加した市民はさほど多くなく、数千人しかいませんでした。ひな壇の上には中国の筆文字で「抗命」〔命令に抗う、不服従＝disobedience に対応する中国語の訳語〕の二文字が大きく書かれていて、異様な悲壮感をかもし出していました。占中三子、学聯および学民思潮がそれぞれ壇上で発言し、これからが香港人による真の抗争の始まりであると宣言し、大規模な休校〔授業ボイコット〕運動と平和的な占拠活動を通じて八三一決定の否決を勝ち取ろうと表明しました。

その日の夜、私は現場で、他の九名の大学教員と一緒に壇上に立って、五〇数名の学者による共同宣言である「対話の道は終わったが、民主主義を求める心は死んでいない――全香港市民への公開書簡」を読み上げました。この宣言の中で、私たちは特に以下のことを主張しました。「北京は前世紀の八〇年代以来ずっと強調してきた『民主的な香港統治』という約束を破棄し、言葉巧みに香港人に是非を転倒するエセ普通選挙の枠組みを受け入れるよう強要した。

添馬公園。この晩、雨はやまず、学生リーダーたちがずぶぬれで発言した（2014年8月31日・金鐘）。

我々はこのことに対して極度の失望と憤慨を感じている。ここまできて、対話を通じて二〇一七年に真の普通選挙を実現するという道は、恐らくもはや閉ざされてしまった」。

当日、このことばを聞き、私は壇上のすでに中年となった同輩や、会場にいる若者たちの顔、香港の輝かしい夜景を見て、思わず涙が流れました。私やその他の先輩の知識人にとって、八三一決定は一つの時代の終わりを意味しています。一九八〇年代の英中協議から、雨傘運動の直前まで、香港の知識人が普遍的に受け入れていた立場は「民族回帰」と「民主建港」というものでした。「民族回帰」は我々の民族的アイデンティティを表すものでした。すなわち、

中国共産党の８３１決定に対して「占中三子」は交渉の道は尽き、ただちに集会を開き、市民的不服従を準備すべきだとした。「占中三子」の一人、陳健民教授（2014年8月31日・金鐘添馬公園）。

「占中三子」の一人、戴耀廷教授（2014年8月31日・金鐘添馬公園）。

「占中三子」の一人、朱耀明牧師。彼は香港民主運動の元老で、すでに 70 の高齢である（2014 年 8 月 31 日・金鐘添馬公園）

学者たちがステージに並んで発言（2014 年 8 月 31 日・金鐘添馬公園）。

集会参加者が携帯のライトを照らして呼応する（2014 年 8 月 31 日・金鐘添馬公園）。

基本法委員会主任の李飛が、香港で「831 決定」の解釈を示した。学生たちは宿泊先のホテルで抗議したが、警察に阻止された（2014 年 8 月 31 日・灣仔）。

中国は香港にとって文化的な母体であって、自分自身が中国人であることは認める。ただし、この種のアイデンティティは現政権を認めることを意味しているわけではありません。「民主建港」は私たちの政治的な追求目標を表すものでした。回帰後の香港が少しずつ民主主義を実現し、行政長官も立法会議員も香港人の一人一票によって選出され、真の「港人治港」を実現することが期待されていました。

私たちと同世代の香港の知識人は、いずれもこの二種類のアイデンティティを持っていたといっても過言ではありません。中国に関心を持ちながらも、香港に帰属意識を持っており、「一国二制度」の下で香港が一日も早く民主主義を実現することを望んでいる。したがって、一九九七年の香港回帰以降、相次ぐ挫折を味わい、待たされ続けても、この望みを諦めることはなかったのです。しかし、八月三一日という日になって、この望みがとうとう完全に断たれてしまったと痛感させられた。私たちはようやく、はっきりと認識するようになったのです。中国政府には基本法の中に書かれた香港の最終的な民主化に関する約束を守る気など毛頭ないことを。その夜、私は悲憤と疲労困憊に満ちた多くの顔を見ました。

歴史はすでにここまで来た。問題は、香港人がどうやってそれに直面するのかということです。妥協し服従して、中国政府の計画を受け入れるのか。たとえ八三一決定を変えられる可能性が微々たるものであったとしても、立ち上がって「ノー」の声を突きつけるか。そのどちらかしかありません。占中三子、学聯および学民思潮、そして幾千幾万もの香港人は後者の道を選びました。市民的不服従はもはや避けられないように見えますが、占拠運動がいつ始まるのか、どれだけの人が参加するのか、どんな代償を支払うことになるのか、占拠の後に香港および中国政府がどんな反応を示すのかに関しては、誰も予想できませんでした。

オキュパイが始まった

物事の推移は早いものです。九月はじめ、香港のすべての大学で新しい学年が始まり、学生がキャンパスに戻ってきました。学聯は九月二二日から一週間にわたる香港の全大学におけるボイコットを発動すると宣言し、香港の全大学の学生会の支持を得ました。香港大学学生会は「休校宣言」の中で、以下のように公言しました。「権力者が独断専行をすれば、次に待っているのは不服従行動である。時代の使命を背負っている我々にはほかの選択肢がなく、譲歩することはできない」。

九月二二日は良く晴れていました。数万人の大学生が白い服を着て、それぞれ異なる大学から香港中文大学の「百万大道」［キャンパス中央にある細長い広場］に集合し、休校決意表明式を開き

学生は大学の徽章の下にふたつのスローガンを掲げた。「授業ボイコット」と「不服従」の文字が見える（2014年9月22日・香港中文大学）。

ました。これは香港史上最大規模の授業ボイコット活動で、私はその日、集会が開かれた図書館の最上階から集会が行われていた地上を見渡すと、まさに人の山、人の海でした。そして、私の周りには一〇〇人以上の香港や国際メディアの記者とカメラマンが立っていました。当時の様子は瞬く間に世界的な大ニュースとなりました。

その日の午後五時、私は招きに応じて香港中文大学新亜書院の円形広場で学生向けの講義を行いました。タイトルは「民主主義の実践と人間の尊厳」。現場に到着したとき、私は本当に驚きました。広場は三〇〇〇名の学生で埋め尽くされていました。私は講義の中で、香港人がここ数十年の間に絶えず民主主義を追い求めているの

政治学系副教授の周保松が、中文大学新亜書院で公開講義を行った。3000 人近くが聴講した（2014 年 9 月 22 日・香港中文大学）。

学生は大学にスローガンを張りめぐらし、なぜ授業放棄をするのか説明した（2014 年 9 月 22 日・香港中文大学）。

は、香港人が自分の家を自分で管理し、自分の運命を自らの手中に収めたいからだと述べました。民主主義の実践は政治的平等と集団的自治の二つの価値を体現するものです。

非民主的な社会で生活していると、私たちはみな二等市民になってしまい、政治参加から乱暴に排除されてしまいます。私たちは自分たちの街でまるで異邦人のように生活していて、政治的権利は尊重されず、つまり生活には尊厳がありません。また、私は学生たちに現在の状況はたしかに厳しいけれども、我々の尊厳を守るためにも、諦める理由がないと述べました。私たちは世界の中で生活しており、私たちの努力はたとえどんなに小さなものであっても、この世界を変えているのです。

九月二三日からボイコットの拠点は金鐘の政府本部に移動しました。一部の大学教員が組織されて、私たちは「休校しても休学しない」という活動を企画し、各大学の先生を招いて政府本部前の公共空間で学生向けの講義を行いました。わずか四日間という短い間に、一〇〇名以上の先生が招待に応じて学生に向けて「公民教室」の授業を展開したのです。その内容は多岐にわたっていて、哲学から政治、歴史、社会学、文学、文化研究と映画、ないし社会運動と市民的不服従に至るまで、何でも揃っていたといえます。このような大学横断的な「公民教室」も香港における最初の試みでした。それと同時に、「学聯」と「学民思潮」はさまざまな方法で香港政府との対話を求めました。学生を率いて行政長官の官邸を包囲する方法も取られたのですが、政府は全

学生は連日、政府中央庁舎のそばの添馬公園で授業放棄のストをうち、一部の学生は夜を徹して座り込んだ。香港城市大学の学生が、学校名を染め抜いた旗を被って眠り込んでいた（2014 年 9 月 25 日・金鐘添馬公園）。

く動じることなく、学生と交渉する姿勢を一切示しませんでした。

政府による冷たい反応を目の当たりにして、学生たちは怒りと絶望を感じるようになり、行動のエスカレートを求める声がどんどん強くなっていきました。九月二六日の夜、金鐘の政府本部における集会場所には数千人の学生と市民が集まりました。夜の一〇時頃に、学民思潮の呼びかけ人である黄之鋒がスピーチをしました。私は現場にいる多くの人と同じように、彼の発言が終われば集会は終わると考えていました。ところが、スピーチの途中で黄之鋒は突然「我々は行動を開始して、隣にある公民広場に入る」と言い出して、民衆がそのことばに反応する前に数百人の学生を率いて二メートル以上もある柵を乗り越えて広場に進入し、みんなで手をつないで広場の中心に座り込みました。そこで警察はやっと気づいて行動を開始し、増援を送って他の人がそれに続くことを阻止しました。

公民広場で取り囲まれた学生たちに声援を送るために、ますます多くの市民が政府本部に駆け付けました。九月二七日午後、警察が排除行動に出て、公民広場に留まっている七四人を逮捕しました。学聯と学民思潮はその日の夜に集会を開き、警察に逮捕された学生の釈放を求めました。およそ五万人が政府本部に集まったと見積もられています。九月二八日の深夜一時四〇分、戴耀廷が占拠運動の開始を正式に宣言しました。ただし、占拠の場所は「中環」ではなく金鐘の政府本部であり、占拠者も「和平占中」の志願者ではなく、すでに学生を支持するために現場に

ストを応援する高校生たちがこの日の集会に参加。一斉に「門を開けろ」というスローガンを掲げて、中国共産党が「831 決定」で普通選挙の「門を閉ざした」ことに抗議した（2014 年 9 月 26 日・金鐘の政府本部前）。

ストの最後に学生リーダーの羅冠聰がステージでスピーチ。その後、学生は市民的不服従を唱えて、政府中央庁舎広場に突入する。以前から民主運動の集会がいつもここで開かれていたので、「公民広場」とも呼ばれる。政府は警戒してこの場所を封鎖した（2014 年 9 月 26 日・金鐘の政府本部前）。

駆け付けた市民でしたが。ここにきて、雨傘運動の主要な組織者である和平占中、学聯と学民思潮の三者がようやく合流し、以降の占拠活動を共同で指導するようになったわけです。

九月二八日正午、警察は排除行動の実施を決定し、政府本部へのすべての出入り口を閉鎖して、夜通し現場に留まっていた数千人のデモ参加者を本部近くに封じ込めると同時に、その他の人の侵入を阻止しようとしました。警察の行動は結果として香港市民の更なる怒りを引き起こすことになります。無数の市民が支援のために自発的に金鐘に赴きました。午後五時頃になると、金鐘付近の道路はすべて市民によって占拠され、少なくとも数万人が集まりました。

夕方六時になって、数回にわたる衝突を経て、警察はとうとう市民に向けて一発目の催涙弾を発射し、それは二発目三発目と続きました。一瞬にして金鐘の街頭は煙で充たされ、民衆は苦痛のために右往左往することになりました。その様子は現場に集まっていた世界中のメディアによって撮影されて、またたく間に全世界のトップニュースとなりました。

その夜、警察は計八七発の催涙弾を発射しました。これは一九六七年に共産党の左派労組が労働者の暴動を発動し、植民地政府を襲撃して逆に鎮圧されて以来、香港史上二度目のことです。当日の夜、警察が、民衆が引き揚げなければ発砲すると警告したことを受けて、学聯は流血を伴う犠牲を懸念してデモ参加者に撤退を呼びかけたのですが、市民はその場を離れるどころか、どんどん増えていきました。その日、夜通し金鐘の街頭に留まった人は数万人に達したと言われて

警察は常にペッパースプレーを使って群衆を蹴散らそうとするので、座り込む者たちはレインコートとゴーグルを着けている（2014 年 9 月 27 日・金鐘オキュパイ地区）。

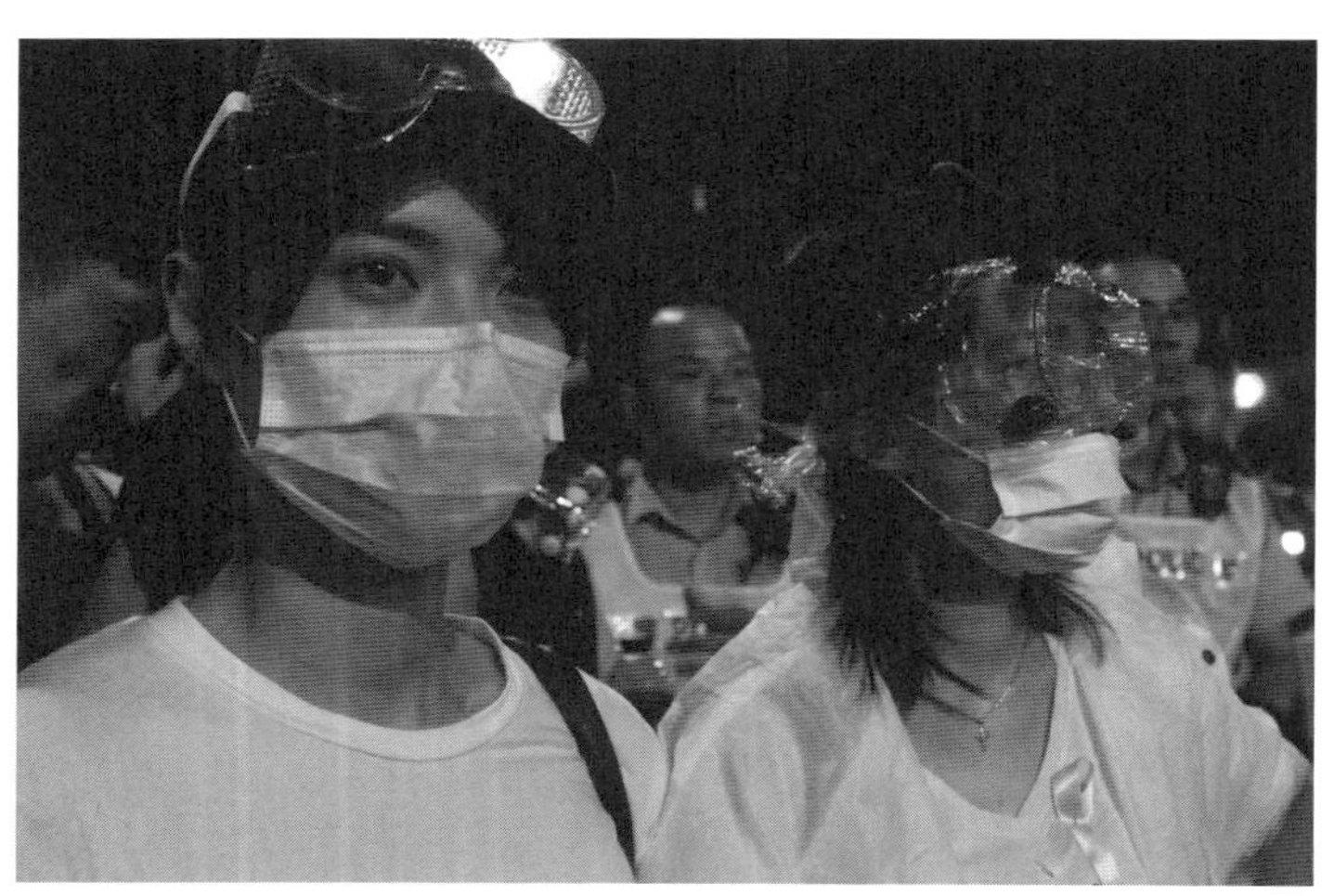

マスクとゴーグルで、警察に備える（2014 年 9 月 27 日・金鐘オキュパイ地区）。

います。それと同時に、占拠運動は金鐘だけではなく、香港で一番にぎやかな商業エリアである香港島の銅鑼湾(コーズウェイベイ)と九龍区の旺角(モンコック)にも拡散することになりました。

私たちはもう引き返せない

占拠運動はこうして始まったのです。二〇一三年一月に戴耀廷教授が「オキュパイ・セントラル」という理念を提起してからわずか二年、市民的不服従の方法で平和的に香港を占拠する民主化運動が、すさまじい勢いで本当に理念から事実になるとは、たしかに誰も予想できなかったことでした。さらに予想外のことに、占拠運動は組織者の当初の予想を完全に乗り越えて、規模は膨大で期間も長く、かつ自発性を有する社会運動へと変化していったのです。

催涙弾の発射は雨傘運動の始まりを象徴しています。当時の欧米メディアはそれを雨傘革命とも称していました。なぜ「雨傘」と言うのか。それは警察によるペッパースプレーや催涙弾に抵抗するために、デモの参加者がみんな雨傘をさしていたからです。衝突が起きた際、デモ参加者は一斉に傘を開いて、傘の海が形成されていました。

その夜は香港の歴史の分水嶺となりました。私は現場にいて、最初の催涙弾が足元に落ちるの

警察は政府本部を守り、市民的不服従を遂行する学生と「占中三子」を支持する市民を阻止しようとした。しかし、市民は警察の暴力への不満から、逆に警察を包囲した。この後、警察は催涙弾を発射するに至る（2014 年 9 月 28 日·金鐘オキュパイ地区）。

を見たし、呼吸困難となり目も開けられない激痛を経験しました。周りにいる幾千幾万の若者が金鐘を駆け回り、怒号を飛ばし、互いに助け合い、何ものをも恐れないその姿を見て、一生忘れないだろうと思いました。その夜、ごった返した街頭に一〇万人以上の人々が繰り出したのですが、破壊された警察車両は一台もなく、割られた商店のガラスも一枚もありませんでした。もちろん放火や傷害の事件もありませんでした。その日、家に帰ってから私はすぐに文

警察は催涙弾で群衆を排除しようとしたが、結果は全香港に運動を拡大させることになった。多くの民衆が現場に応援に駆けつけ、警察と民衆の数の差は広がり、警察は人々を解散させることができなくなり、ついに現場を放棄して攻守は逆転した（2014年9月28日・金鐘オキュパイ地区）。

章を書いて当時の状況を記録しました。その最後の段落には以下のように書きました。

その時、一晩中走り回った後、私にはもはや金鐘に戻る気力も勇気も残されていなかった。私はぼんやりと「遮打花園」（Chater Garden）の傍に座っていたが、道には十数人の若者たちが手を繋いで、一列に並んで、完全武装した警察と対峙しており、自分自身の血と肉をもって警察の前進を阻止しようとしていた。

その瞬間、私はとうとう涙を流してしまった。

私はどれほど、彼らがこのような苦痛を受けて欲しくないと思ったか。どれほど彼らを引っ張ってその場を離れたいと思ったか。私は彼らに伝えたかった。このような犠牲を払う価値はない、と。しかし、なぜか、私にはそれができなかった。

これは彼らの選択である。

彼らはもちろん怖がっている。彼らはもちろん催涙弾が発射されたら、身体にとても大きな苦痛を受けることになることを知っている。彼らはもちろん自分たちの力では警察の前進を阻止することができないと分かっている。それでも彼らはそこに立つことを選んだ。私は彼らに、もう一つの香港を見たような気がする。

今夜が過ぎれば、香港はもはや二度と過去と同じようになることはない[12]。

私たちはもう二度と引き返せない。これはたしかに私と多くの香港人が感じたことでした。香港はまるで新たな歴史的段階に入ったようでした。その後の香港の展開も、私が感じたことを実証しました。雨傘運動が一〇〇万人以上の香港人を巻き込み、学生代表が公の場で香港政府と協議したこともありましたが、最終的には何ら実質的な政治的成果は得られませんでした。占拠運動も一二月一五日に警察によって徹底的に排除されてしまいました。香港政府が提起した「行政長官選出方法決議案」も二〇一五年六月に立法会の民主派議員によって否決され、香港の政治改革は完全に止まってしまいました。

四年が経過した今となってこの運動を振り返ってみて、私たちはその成果と得失をいかに評価すべきでしょうか。雨傘運動は「一国二制度」の実践にいかなる影響をもたらすのでしょうか。これらはいずれも重要な問題です。以下、これらの問題に関する私の見解を簡単に述べたいと思います。

「一国二制度」と民主主義の関係

雨傘運動は民主化運動でした。その主要な要求は、中国政府が基本法における約束を守り、香港人に真の全面的な普通選挙によって行政長官と立法会議員を選出する権利を与えることでした。ところが、中国政府が最終的に投げてきたのは、完全に中国によってコントロールされるいわゆる「民主化」のプランでした。これこそが両者の間の根本的な対立点です。そういう意味では、雨傘運動はこの長年蓄積されてきた政治的対立が一斉に爆発したものであり、この運動はかなりの程度において香港における「一国二制度」の実験が失敗したことを証明しました。

この矛盾はどうしてこんなにも解消することが困難なのでしょうか。そこには香港と中国の両方に原因があります。一方では、一九九七年の返還以降、香港人の主体意識がますます強くなり、市民社会の発展がますます成熟し、民主主義に対する渇望もますます大きくなったことがあります。香港人にとって、「一国二制度」は経済上の資本主義制度だけを指しているわけではなく、同時に政治上の民主主義制度をも指しているのです。「港人治港」は商人による香港統治でもなければ、特権階級による香港統治でもなく、民主主義による香港統治なのです。

香港人の民主主義意識が強くなればなるほど、現実の政治に対する不満も強くなっていきます。そして香港政府の統治における正統性の危機（legitimacy crisis）も深くなるために、具体的な施策の実施が一歩も進まず、社会における各種の矛盾が次々と現れてくるのです。香港の政治問題の根源は、かなりの部分においてその非民主的な体制に由来していると言っていいと思います。それに対して、香港社会の各側面の発展条件は、とうの昔に完全な民主主義への移行の要件をクリアしていました。香港社会の内部における各階層・各政党も、この問題について高度な共通認識を持っています。何と言っても、一九九一年に立法局が部分的に直接選挙を推進し始めてから、香港はすでに二〇年以上の民主主義の実践に関する経験を蓄積してきたのですから。

香港人はよく分かっています。民主主義がなければ、香港が今日享受している自由、人権と法治は非常に不安定な状態に陥ることを。社会における深刻な富の分配の不均衡の問題も改善されにくくなるでしょう。なぜなら、大資本家たちは引き続き手中にした政治的特権を利用して、彼らの経済的かつ社会的特権を強化するからです。民主主義がなければ、どこに人々の生活があるのでしょう。これは多くの人々が理解していることです。

不幸なことに、中国政府は香港人の民主化の要求に対して少しも耳を貸そうとせず、何度もそれを引き延ばしました。どうしても引き延ばせなくなった時、中国政府が持ち出したのは八三一決定のような、最も保守的で最も忍耐強い民主派えさえ受け入れ難いプランでした。みんな分かっていたのです。これは真の民主主義ではない。せいぜい「中国的特色を有する民主主義」であるということを。二〇一四年になって、恐らく多くの香港人は私と同じように、自分があまりにもナイーブであったことに気づき、中国政府は最初から我々が期待していたような民主主義を与えてくれるつもりなどなかったことを理解したと思われます。

全人代常務委員会の八三一決定が公布された当日、私はその内容を見てすぐに、こう判断を下しました。中国政府は政治改革案が香港の立法会を通過できるかどうかについて全く気にしていない、と。なぜなら、少しでも気にしているならば、これほど保守的な改革案では必ずや民主派によって否決されることを知らないはずはないので、少なくとも民主派と交渉する余地を残すはずですから。私は一つの大胆な推測をしています。中国側がこれほど厳しい改革案を打ち出したのは、実は民主派が自ら進んでそれを否決することを期待しているからではないのか。そうなれば、中国側は公然と普通選挙の約束を破棄した責任を負うことなく、現在の統治モデルを維持できることになるでしょう。

座り込みの女性が村上春樹《1Q84》を読んでいる（2014 年 10 月 1 日・金鐘オキュパイ地区）。

雨傘運動の期間、79 日間市民がずっと、金鐘から中環の主要道路を占拠した。写真は夏愨道（ハーコート・ロード）（2014 年 10 月 4 日・金鐘オキュパイ地区）。

市民が自発的に清掃活動（2014 年 10 月 7 日・旺角オキュパイ地区）。

学民思潮のメンバー周庭。雨傘運動後、学生リーダーの羅冠聰が立法会の議席を剥奪された後、彼女が代わって出馬しようとしたが、候補者にならないうちに政府によって立候補を禁止されてしまった(2014年10月10日·金鐘オキュパイ地区)。

オキュパイ地区ではいつもボランティアがいて、工作などを教えている。少女が持っているのは紙製の雨傘（2014年10月12日・銅鑼湾オキュパイ地区)。

市民の自発的な行動はエスカレートし、近くのトンネルを占拠して、側溝の蓋を積み上げて車輛の通行をストップさせた。警察が遠方に集まって、民衆を鎮圧する準備をしている（2014 年 10 月 15 日・金鐘オキュパイ地区）。

市民たちが自主的に道路をふさぐと、警察はオキュパイ地区に突入しようとした。警察を阻止する市民は両手を高く上げて、警察への暴行罪にされないようにする（2014 年 10 月 15 日・金鐘オキュパイ地区）。

オキュパイ地区はちょうど警察本部に隣接しているので、「光明磊落（明るく小さいことにこだわらない）」という大きな文字が掲げられた。当時の警務署長・曾偉雄が、警察は「光明磊落」であると言って、部下が雨傘運動の中で市民を傷つけたことを庇ったことを風刺したもの（2014 年 10 月 17 日・金鐘オキュパイ地区）。

大量のスローガンが、オキュパイ地区に入る海富歩道橋に掲げられている（2014 年 10 月 26 日・金鐘オキュパイ地区）。

政府はまず旺角を鎮圧しようとしたが、市民の抵抗に遭った。警察は実力に訴え、警棒とペッパースプレーを使用した（2014年10月18日・旺角オキュパイ地区）。

一夜の衝突を経て、市民の数が警察の数を圧倒したため、警察の排除計画は失敗し、撤収の準備を準備を始めた。警察の傍らで休息する参加者（2014年10月18日・旺角オキュパイ地区）。

多くの大学卒業生が、オキュパイ地区に来て卒業写真を撮っていた（2014 年 10 月 26 日・銅鑼灣オキュパイ地区）。

市民はさまざまな手法で雨傘運動を展示した。これはおもちゃのレゴでつくったもの（2014 年 10 月 26 日・金鐘オキュパイ地区）。

テントのあるところは本来幹線道路である（2014 年 10 月 31 日・金鐘オキュパイ地区）。

オキュパイ地区の至る所にさまざまなアート作品がある。テントや板で作ったタンク（2014 年 10 月 29 日・金鐘オキュパイ地区）。

各地区で市民自らが図書室が設置された。1 人の学生がボランティアで本を整理している（2014 年 10 月 31 日・金鐘オキュパイ地区）。

眠っている若者が読んでいたのはジョナサン・ウルフの『政治哲学入門』（2014 年 10 月 31 日・金鐘オキュパイ地区）。

商業ビルの外壁に、たくさんのスローガンとポスターが貼られている。上の方のスローガンま「野蛮がわれわれを卑屈にしようとも、われわれは文明の誇りを見せよう」（2014 年 11 月 3 日・旺角オキュパイ地区）。

横断幕のスローガンは「民主のためにがんばろう　公義を伸張させよう」（2014 年 11 月 3 日・旺角オキュパイ地区）。

上海から来た中国人が、雨傘運動支持のプラカードを手にしていた。スローガンは「香港の民主、自由を追求する決意と勇気を支持する」（2014 年 11 月 7 日・金鐘オキュパイ地区）。

アーチストが路上に絵を描いていると、子どもたちも一緒に加わった（2014 年 11 月 9 日・金鐘オキュパイ地区）。

中国政府の駐香港特別行政区連絡弁公室（略称「中連弁」）。表面上は「連絡弁公室」だが、香港人はみな、中国共産党の香港における最高指揮部門であり、香港政府に対して共産党の命令を下す場所であることを知っている。だから香港の民主派はいつも、「中連弁」にデモをする。雨傘運動において、市民は「中連弁」の鉄の扉に、雨傘運動のシンボルである「真の普選」と書かれた黄色いリボンを結びつけた（2C14 年 11 月 9 日）

香港のミュージシャンが雨傘運動のために書いた「雨傘を掲げよう」という曲を歌う女性（2014 年 11 月 17 日・金鐘オキュパイ地区）。

市民の自発的な行動はエスカレートし、立法会占拠に踏み出したが、警察に阻止された。抵抗者はスクラムを組んで警察と対峙した（2014年11月19日・金鐘オキュパイ地区）。

学生と市民は、香港政府本部を包囲しようと試みた。市民が鉄柵の防衛線を撤去している（2014年11月30日・金鐘オキュパイ地区）。

二大学生組織の学聯と学民思潮の呼びかけはエスカレートし、政府本部を包囲し、呼応した民衆によってオキュパイ地区を満たそうとした。しかしその結果は失敗だった。これは雨傘運動の中で、学生の最後の大規模な反撃であり、運動内の分裂と幕引きを示すものとなった（2014 年 11 月 30 日・金鐘オキュパイ地区）。

行動のエスカレートは失敗に終わった。学生リーダーたちはステージから謝罪の言葉を述べた。左から黄之鋒、林淳軒、梁麗幗、岑敖暉、周永康、鍾耀華（2014 年 12 月 1 日・金鐘オキュパイ地区）。

行動のエスカレートに失敗し、派閥抗争も激しくなって、雨傘運動は崩壊の危機に直面した。学生リーダー・黄之鋒ほか 2 名の学生がハンストを呼びかけた（2014 年 12 月 2 日・金鐘オキュパイ地区）。

アカデミック・ドレスを着た香港の学者たちが「レノン・ウォール」で雨傘運動に声援を送る（2014 年 12 月 5 日・金鐘オキュパイ地区）。

さまざまなグループがオキュパイ地区でさまざまな活動をした。読書活動もそのひとつ（2014 年 12 月 5 日・金鐘オキュパイ地区）。

オキュパイによっても政府は動かず、譲歩も拒否した。学生はハンストを呼びかけ、市民がこれに応えた（2014 年 12 月 8 日・金鐘オキュパイ地区）。

多くの中高生が、放課後オキュパイ地区を見に来て、休日には座り込みに参加した（2014 年 12 月 9 日・金鐘オキュパイ地区）。

排除が始まろうとしている時期、多くの人がオキュパイ地区に集まって歌を聴いている（2014 年 12 月 9 日・金鐘オキュパイ地区）。

雨傘運動の期間中に中国と香港政府が、占拠運動に対して行った冷たい対応と厳しい弾圧、占拠が終わった後も中国側が和解の手を差し伸べなかったこと、政治改革案について民主派の政党に対するロビー活動も一切行わなかったこと、政治改革案に関する最終採決における親中派議員たちの消極的な態度を見ると、私の推測もあながち間違っているわけではないように思えるのです。つまり中国政府は、そのまま足踏みすることを選んでも、香港の民主主義は一歩たりとも前進させたくないということです。

問題は、中国政府はなぜ、これほど強硬な方法で香港の民主化の要求を拒むのかということです。中国政府も現行の非民主的な制度が香港の統治危機の根源となっていると分かってはいるのに、一歩も譲らず、「一国二制度」が全世界の面前で崩壊していくことを惜しもうとしないのはなぜなのか。これらの疑問は、香港の問題を考える際のキーポイントになります。私は中国と香港との政治関係を研究する専門家ではありませんが、それでも私の観察についてここで少し述べたいと思います。

中国政府は一九四九年の建国以来、香港に関して「長期的に計画し、十分に利用する」という政策を維持し続けてきました。言い換えれば、中国にとっての香港は、自分自身の需要を満たすための単なる道具に過ぎません。香港人の福祉と香港人の権利は最初から中国の関心事ではありませんでした。したがって、中国が香港の民主化の問題を考える際に唯一関心を持っているのは、それが自身にとって有利であるかどうかということだけです。そしてその答えは「ノー」です。なぜでしょうか。

中国政府にとって、香港の最も重要な役割は、経済に果たす役割です。例えば、一九五〇年代や六〇年代当時、中国が必要とする各種の物資は香港から輸入されていました。改革開放初期の八〇年代になると、経済特区を発展させるために、香港の資金、技術と人材が導入されました。また、過去二〇年間の間に多くの中国企業が香港で上場しました。したがって、中国政府が最も重視しているのは、香港の資本家なのです。復帰後も資本主義制度を変えず、いわゆる低税収低福祉の経済政策を維持しているのも、主としては資本家を安心させるためです。そして、民主化の問題について、中国政府と資本家たちの立場は高度に一致しています。すなわち、民主化は遅ければ遅いほどいいのです。なぜなら、民主主義がなければ、中国政府は香港を完全にコントロール下に置くことができるし、香港の資本家たちも引き続き無料の政治的資源を享受することができます。彼らが育てた代理人を通じて香港を統治し、彼らの利益と完全に一致する経済政策を推し進めることができることになるからです。

これが香港における基本的な政治と経済の枠組みです。この枠組みは根本的な挑戦を受けることのない限り、政治と経済権力を独占している中国政府と資本家たち双方いずれにも、民主化を推進するインセンティブなど生じることはありません。さらに不幸なことに、香港基本法が公布された直前の一九八九年に、北京の天安門広場で民主化運動が勃発しました。この運動に香港市民が深く関与したことで、香港における民主的な力の成長は大いに後押しされましたが、それと同時に、中国共産党は香港を反共産党の基地と見なし、民主派をその統治の権威に直接挑戦し脅かそうとしている敵対的勢力と認識するようになりました。この種の脅威は香港の内部にとどまるものではなく、中国の政権そのものを脅かすことになると考えています。なぜなら、一九八九年以降、香港人は香港で各種の政治的な禁書を発行したり、毎年六月四日にはビクトリア公園で八九年の民主化運動を記念する追悼集会を開いたりと、さまざまな方法で中国本土に影響を与え続けてきたからです。

したがって、一九八九年以降、中国政府と香港の民主派との間には、すでに基本的な相互信頼は失われていており、いかなる協力関係も存在していないといえます。実際のところ、香港の選挙政治においては、反共産党という看板はたしかに民主派の最大の武器になっています。ですから中国側にとっては、民主派の台頭を防止するために、民主派のパフォーマンスの舞台を制限しなければなりません。そのため、幾重ものハードルを設けて、香港の民主化のプロセスを遅らせ、制度的に香港政治をしっかりとコントロールする必要があります。このような背景を踏まえれば、「基本法」におけるきわめて保守的な制度設計、および政治改革のプロセスにおける度重なる遅延も理解しやすくなるでしょう。

「一国二制度」にまだ未来はあるのか

上記の二つの条件による制約の下で、どのような状況になれば、中国政府が香港の民主化を許容する可能性が生まれてくるのでしょうか。それは中国自身が政治の民主化を推し進めようとして、香港を一つの実験場または「政治特区」と見なすようになった場合でしょう。残念ながら、習近平が二〇一二年に中共中央総書記に就任して以降、このような状況が生じるどころか、政治的にはむしろ大きく後退してしまいました。

習近平は「反腐敗」という形で党内の反対派を厳しく弾圧し、権力を一身に集めて、前代未聞の高圧的な統治を実行しています。その中には、言論の自由、出版の自由および報道の自由に対する厳しい規制や、キリスト教、イスラム教、NGO、人権派の弁護士およびその他の民間の勢力に対する弾圧などが含まれています。このような強権的な統制の理念の下では、香港がそれに巻き込まれず、局外に立つことは難しいのです。香港人の民主化に関する強い要望は重視されず、それどころか、中国側による香港の各分野に対する直接的な干渉はますますやりたい放題です。出版の自由、学問の自由および報道の自由に対する規制や香港の選挙政治に対する介入等もこれには含まれています。

以上の説明から分かるように、雨傘運動の結末は最初から決まっていました。つまり、中国政府は絶対に八三一決定を撤回しないし、香港に真の普通選挙を与えるはずもない。雨傘運動の失敗後に勢いに乗じて生まれた香港独立運動の思潮に対しても、中国政府は最も厳しい手段を使ってそれを鎮圧しました。全国人民代表大会による立法解釈を通じて、本土派［一国二制度の枠組みを越えて、香港（本土）の未来を香港人が決める香港自決を掲げる。独立派はその急進部分］および自決派の立法会議員の宣誓手続が法の規定に適合していないことを理由に、これらの議員の議員資格を非常に乱暴に剥奪してしまいました。甚だしきは、中国側が香港独立派と認定した候補者の立候補資格さえも剥奪したことです。先ほど触れた通り、今日の中国政府の香港統治の方針は、徹底的に一国をもって二制度を凌駕することにあるのです。

このような状況下で、香港の「一国二制度」にはまだ未来があるのでしょうか。

状況はたしかに悲観的です。ますます多くの香港人が、一党独裁の権威主義国家と、自由や法治を尊び民主主義を追求する政治特区という存在を共存させておいて、前者が後者に干渉を加えることを自粛するように求めるのは、もしかすると不可能な任務であるかもしれないと認識するようになってきました。双方の間の甚だしい権力的格差によって、香港は少しずつ既存の制度と価値を失い、少しずつ中国本土にあるその他の都市と何ら変わらない都市になってしまうことが、どうやらいずれは訪れる、どうしようもない運命であるようです。このように一つの偉大な都市が、次第に堕落していく様子を見ることの悲しさは、今日の多くの香港人の共通する心情なのです。

つまるところ、「一国二制度」が継続できるかどうかの鍵は、中国政府が握っているということです。これは決して、香港人の努力と抗争は重要ではない、という意味ではありません。しかし、目下の環境下において、中国政府はたしかに香港を支配する力を持っています。中国が香港を尊重し大切にすることができず、「一国二制度」は堅持すべきことではないと考えるようになったら、香港の未来は確実に相当に暗いものになるでしょう。

これは結局、一つの古い命題に帰結してしまうことになります。すなわち、中国に民主主義がなくて、香港に民主主義があるということはあり得るのだろうか、ということです。歴史がここまできて、その答えは恐らく「ノー」でしょう。それでは、次の問題は、香港が民主化を実現するためにも、力を傾注して中国の民主化を推進すべきだということになるでしょうか。私はこの考え方に賛同しており、しかも香港はこのことを推進する最も有利な位置にいるとも考えています。ただし、雨傘運動の後、本土主義が勃興したため、この考え方は、いまは多くの人によって批判と否定に晒されています。それでも、懐疑と批判が終わった後、どのようにして中国という「リヴァイアサン」（Leviathan）に対処すべきかという問題は、依然として我々にとって避けて通ることのできないものであります。

雨傘運動は何を残したか

最後に、違う角度から雨傘運動の意義を改めて考えてみましょう。

雨傘運動は徹底的に失敗しました。これは雨傘運動に身を投じた多くの抗争者の結論です。失敗というのは、最終的にいかなる実質的かつ目に見える政治的成果も得られなかったためです。失敗した以上、雨傘運動におけるあらゆる努力と試みは、徒労であったということになるかもしれません。すなわち、平和、理性、非暴力的な抗争という方法は効果的ではなく、「一国二制度」の枠組みの中で民主主義を追い求めることは無駄であり、「民族回帰」と「民主建港」という「八〇年代以来の」考え方も無駄であって、ひいては学聯のような組織も無意味である。雨傘運動の後、香港社会には挫折感と絶望感が満ち、その影響で次から次へと自己否定と内部分裂が起きてしまい、香港の社会運動は急速に低調に陥りました。

冷静かつ公平に言うと、即時的な政治的成果を基準に評価するならば、雨傘運動はたしかに何も成し遂げなかったといえます。しかし、中国共産党の政治について多少認識がある人にとっては、この結果は意外なものではないはずです。この運動の参加者および観察者として、私は雨傘運動を簡単に「失敗」の二文字で結論づけるべきではなく、そこには重要な意義が多く存在していると考えています。これらの意義はけっして簡単で自明な事実ではありません。比較的に広い歴史的視野と価値的な視野を持っていなければ、その意義をはっきりと認識することはできないと思われます。以下、そのいくつかの現れを紹介したいと思います。

第一に、雨傘運動は民主化運動であったということです。抗争の直接的な対象は中国政府であり、勝ち取ろうとしたものは香港人の政治的権利でした。参加者は一〇〇万人を超え、町の中心を約三か月にわたって占拠し続けました。これは一九八九年の民主化運動の後、中国の統治下で起きた最大規模の社会的な抗争であったと言うことができます。二五年の間に、中国では天地がひっくり返ったような大きな変化が起こりましたが、政治上の独裁は相変わらずです。そこに香港人が、平和的な方法で勇気を持って立ち上がり、全世界の前で権威主義中国に対して「ノー」を突き付けたこと、それ自体が非常に大変なことであったわけです。

この種の勇気は香港人だけではなく、中国本土の人々をも鼓舞しました。それと同時に、中国の国力が強くなって、中国モデルだとか中国の道だとかといった言説が横行しているにもかかわらず、香港人は、たとえ個人と社会がきわめて大きな代償を支払うことになろうとも、人々の権利と尊厳のために奮い立って抗争した姿を世界中に示しました。この種の精神は世界のどこにおいても、きわめて貴重なものです。

第二に、雨傘運動が、世界における市民的不服従の歴史にきわめて重要な事例を残したことです。「オキュパイ・セントラル」運動は、最初から市民的不服従の方法で民主主義を実践するという明確な理念を持っていました。そのプロセスにおいて、まず「熟議の日」(deliberation day) を設けて熟議民主主義 (deliberative democracy) の理念を実践し、そして「民間レベルの住民投票」を通じて直接民主主義の理念を実践しました。また、これらの抗争を通じて勝ち取ろうとした真の普通選挙そのものは、代議制民主主義の概念です。このように、計画的、意識的に民主主義の理念を実践し、それによって民主主義に対する社会全体の認識を高めようという試みは、民主主義への転換を経験しているどのような社会にとっても、貴重な経験であるといえるでしょう。

さらに貴重なことは、雨傘運動の期間中、多くの参加者が、意識的に市民的不服従の理念によって抗争を行い、しきりにルソー、ガンジー、マーティン・ルーサー・キング・ジュニア、およびロールズの理論と実践を引用して、自分自身の行動を支えたことです。私は、これらの経験は香港に貴重な抗争の伝統を残しただけではなく、中国の将来の民主主義抗争のために参考となるものを残し、世界のその他の国々の社会抗争にも、貴重な経験を提供したと信じています。

第三に、雨傘運動が香港人の主体意識と共同体意識を根本的に変えたことです。そして、この二つの意識は香港の将来の民主主義の発展にとって、きわめて大きな役割を果たすことになるでしょう。いわゆる主体意識は、自分が自分の生命の主人であることを認識し、自分の生命を支配する能力、権利および欲望を有すること、すなわち我々がよく口にする自己決定（personal autonomy）のことです。人間が自己支配を欲するというのは、自分の生命のあらゆる領域について自分で決めたいということを意味しています。その中には政治領域も含まれています。民主主義の理念は、一種の集団的自治の精神を体現したものです。すなわち、すべての市民が自主的に公共のことに参加・決定する権利を欲することです。いわゆる共同体意識は、我々が同じ共同体の中で生きていることを認識することです。共同体の内部において、人と人との間にあるのは、純粋な道具的な利益関係ではなく、何らかの基本的な価値を共有・公認していて、これらの価値が人びとを結ぶ紐帯となっているわけです。

　雨傘運動における共同の抗争と共同の生活の経験は、たしかに多くの抗争者にかつてないほどの主体意識と共同体意識を生じさせました。香港のような高度に原子化された商業社会においては、人びとは普段から自分自身を、なんら帰属する場所もない孤独な個体と見なしていて、この街の政治に参加できると感じることはめったにありません。しかし雨傘運動は、多くの香港人に自己理解のもう一つの可能性を示しました。最初の頃は、この種の自己理解は非常に弱いものであったかもしれませんが、度重なる公共参加を経て、それが少しずつ強化され肯定されるようになり、人々が世界を理解し、行動を実践する際の基礎となっていきました。

　最後に、そして最も重要かもしれないことですが、雨傘運動が確実に私たち自身を変えたということです。全身全霊をもって雨傘運動に参加したすべての人びとの生命は、もはや過去と異なるものになっていたと私は信じています。私たち自身が変わったことによって、私たちが生活しているこの街も必然的に変わったのです。

簡単な例を挙げてみましょう。雨傘運動が終わった後、私は香港中文大学と市中心部のカフェでさまざまな講座や思想サロンを企画しました。毎回の活動には多くの参加者が集まり、しかもみんな積極的に議論に参加していました。このような知的な公共生活は、雨傘運動以前には考えられないものでした。

私は本当に、雨傘運動はまだ終わっていないと考えています。その記憶や理念は黙々と我々に影響を与え続けていて、私たちが前進し続けるための重要な思想的・道徳的資源となっています。香港の未来にはたしかに各種の不確実性が満ちています。しかし私たちが確信していることは、私たちの将来の香港という家に期待し、そのために一緒に努力し続けていくだろうということなのです。

註

（1）それを「雨傘革命」（Umbrella Revolution）と呼ぶ海外メディアもある。

（2）調査の結果について、以下を参照。http://www.com.cuhk.edu.hk/ccpos/research/1412TaskForce_SurveyResult_141218.pdf

（3）全国人民代表大会常務委員会『香港特別行政区二〇一二年行政長官と立法会の選出方法及び普通選挙の問題に関する決定［全国人民代表大会常務委員会関於香港特別行政区二〇一二年行政長官和立法会産生辦法及有関普選問題的決定］』、ウェブサイト：https://www.basiclaw.gov.hk/tc/materials/doc/2007_12_29_c.pdf

（4）John Rawls, *A Theory of Justice* (Mass., Cambridge: Harvard University Press, 1999, revised edition), pp.319-343.

（5）実際の諮問期間は二〇一三年一二月四日から二〇一四年五月三日までである。

（6）この四つのグループは工商と金融界（三〇〇人）、専門業界（三〇〇人）、労働者・社会サービスおよび宗教界（三〇〇人）、および全国人民代表大会代表や全国政治協商会議代表等（三〇〇人）を含む。この四つのグループの代表の選出方法はそれぞれ異なっている。会社や団体が代表となることもあれば、個人が代表となることもある。ただし、全体的に見ると、二〇一七年の行政長官選挙を例として、中国側は選挙委員会の六割以上の票の行方を影響する能力を有している。

（7）白書の全文は http://www.scio.gov.cn/tt/Document/1372801/1372801.htm

（8）詳細は https://www.hkupop.hku.hk/chinese/release/release1164.html を参照。

（9）これは主催者「民間人権陣線」が推計した人数である。香港大学民意調査センターの推計によると、参加者は一七・二万人である。

（10）決議案の全文は http://www.2017.gov.hk/filemanager/template/tc/doc/20140831a.pdf

（11）動画が https://www.youtube.com/watch?v=iEQ2rj-7DDE にある。

（12）周保松「当第一枚催涙弾擲下来」『在乎』（オックスフォード大学出版局、香港、二〇一七年）三五一～三五六頁。

［徐行・訳］

排除前夜、記者たちが連れだって発言ステージで記念写真を撮っていた（2014年12月11日・金鐘オキュパイ地区）。

排除の様子を各国の記者が撮影している（2014年12月11日・金鐘オキュパイ地区）。

警察が政府本部を包囲し、占拠していた学生と民衆を追い出そうとした。民衆は鉄柵を運んでバリケードを設け、警察の進攻を阻止した。この後警察は催涙弾を発射する（2014 年 12 月 11 日・金鐘オキュパイ地区）。

排除を前に、人々はさまざまなグッズを製作した。紙に書かれているのは「傘（散と同音）があれば集まる」、「In umbrella we are together」（2014 年 12 月 11 日・金鐘オキュパイ地区）。

排除当日、オキュパイ地区に座り込む学生と民主派のリーダーたち。周保松（2 列目左端）や何韻詩、李柱銘などの顔が見える（2014 年 12 月 11 日·金鐘オキュパイ地区）。

座り込む学生リーダーの羅冠聰（右 3）。後に彼は立法会議員に当選したが、政府によって議席を剥奪されている（2014 年 12 月 11 日 · 金鐘オキュパイ地区）。

オキュパイ期間中、人々は「付箋メモ」に感想を書いて、香港政府本部の「レノン・ウォール」に貼り付けた。排除前夜、ある人が膨大な「付箋メモ」を回収し、歴史の記録として保存している（2014 年 12 月 11 日・金鐘オキュパイ地区）。

オキュパイ地区が排除された日、占拠者が離れる前に気球を準備している。「We'll be Back」というスローガンが結びつけられ、一緒に空へと放った（2014 年 12 月 11 日・金鐘オキュパイ地区）。

海富歩道橋はオキュパイ地区の主要な出入口。急いで排除がなされたため、現場にはなお多くのスローガンが残されていた。左の紙には「香港政府は未だ人民の授権を獲得していない、すなわち違法な統治だ」と書かれている。背景は香港で最も高い建築物である国際金融センタービル（2014 年 12 月 12 日・金鐘オキュパイ地区）。

【コメント】

雨傘運動後、香港社会はどう変わったか

倉田徹

　立教大学の倉田です。香港政治史を専門にしております。周保松先生のお名前は存じ上げていましたが、初対面で、大変光栄に思っております。

　周先生は政治哲学がご専門で、リベラリズムに対して理論的な研究をなさってこられた方です。そして同時に、雨傘運動にひとりの参加者として、ときには指導者的な役割も果された、そういう実践的な立場にもおられました。それで私の方からは、この実践の部分に関するところから、少しコメントさせていただきたいと思っております。

　雨傘運動にいたる香港社会の政治的な状況、また雨傘運動の具体的な動きにつきましては、す

でに周先生が詳しくお話しして下さいました。それで、私は、雨傘運動以後の状況について議論をしてみたいと思います。

周先生も言われた通り、雨傘運動にはさまざまな評価がありうると思っております。たとえば、「オキュパイ・セントラル」の発起人の一人である陳健民・中文大学副教授は、この運動は、選挙制度の改革を求めるという点では零点である、しかし市民を啓蒙し、市民社会を強固にするという点では、二百点をあげられる、と言っています。

運動が求めた真の普通選挙は実現しなかったわけで、非常に残念なことだと私も思っております。しかし、香港基本法には、将来普通選挙を実現すると書かれています。それは変わっていないので、普通選挙が実現するまで、民主化運動はつづけられることになると思います。そして、私も、香港の民主化は、たんに香港だけの問題ではないと思っております。東アジアが、東アジアにとって、非常に意義があるだろうということです。東アジアを見渡しますと、日本、韓国、台湾はすでに民主主義を持っている国ですが、一方中国や北朝鮮には民主化の動きはありません。言ってみれば香港は、その間で揺らいでいる場所なのです。ですから香港の民主化が潰えてしまうと、東アジアの民主化が潰えてしまう、そういう関係にあるのだろうと思います。その点で、香港の民主化は非常に重要です。

しかし、雨傘運動のその後の展開を見ていてわかったことは、真の普通選挙を香港に与えまいとするさまざまな勢力が存在する。かつ、残念なことに、それが非常に大きな力を持ってしまっている、ということです。そのため、率直に申し上げて、私自身は、現状では香港の民主化運動にどういう希望があるのか、少々見えにくい感じを持っております。この点、周先生のお話をもう少し聞いて見たいと思います。具体的には、香港の民主化に反対している人たちと、どう向き合っていくのか、ということです。民主化を実現するためには、それに反対している人たちを説得するか、なんらかの闘争をしていかなければならないからです。

その、敵対をする人たちというのは、まず、香港社会の中の親中派の人たちということになります。香港では一般に、中産階級は民主派を支持するけれども、大富豪、あるいは逆に貧しい人たちは、非常に中国政府寄りであるといわれています。大富豪は、中国とビジネスをしている人たちですから、共産党政権に常に忖度をしている。一方、貧しい人たちは、豊富な資金力を持っている親中派の政党から、さまざまなサービスを受けているわけですね。日常生活の支援などを通じて、組織化されているのです。

中央政府は、香港で民主派が政権を取らないよう、さまざまな制度を作るなどの妨害をしてきましたが、その一方では、実際に三〇年以上の時間をかけて、大富豪と貧しい庶民の支持を確立するために努力を重ねてきたのです。それが、民主派勢力に対する堅い敵対勢力を形づくっています。そういう人たちを、民主化の方向に進めるためにはどうすればいいのか、ということです。

そして次に、中央政府をどう動かすのか。現在、制度上、中央政府が認めない限り、香港の民主化を実現することはできないことになっています。周先生もおっしゃったように、そういう意味では、香港の運命は中国次第ということがあります。周先生は、香港が中国の民主主義の実験場になることができる、ということをおっしゃっておられました。実際に、胡錦濤政権の時代には、そういう意識もあったのではないかと私は思っております。二〇一七年から普通選挙をするということを中国政府が決定した二〇〇七年は、胡錦濤の時代でした。おそらく、香港で普通選挙をやってみて、それをひとつの実験として中国における政治改革の一つのモデルにしようという発想があったんだろうと思います。ところが、現在の習近平体制は強権化を進めています。かれらは「制度自信」という言葉を使っています。自分たちの制度に自信を持とう、ということです。民主主義の体制よりも、いまの共産党体制の方が、より効率が良い。民主主義が議論してもたもたしている間に、中国はすぐ決めてどんどん実行している。高速鉄道が、計画から三年後にはもう開通している。そういう効率のよさを勝ち誇っているわけです。こういう意識が変わらない限り、そもそも香港を民主化しようというモチベーションが生まれようがないのです。それでは、香港から北京にどのようにアプローチすべきなのかということですが、最近の香港の若者たちは、中国の意識を変えることを目指すどころか、中国離れをおこしているわけです。先ほどのお話にもありました香港独立という議論です。周先生も、八〇年代には香港返還自体に反対している人は非常に少なかったとおっしゃっていました。しかし、いまの若者はそうではない。たとえば天安門事件を追悼する集会が、先日香港でありました。しかし、そういう集会に学生が出てこない。あれは「隣の国」の話だ、中国は自分たちの国ではない、というわけです。中国の民主化ということに興味がない。

そしてさらに、国際政治状況の悪さもあります。中国やロシアの台頭もあって、世界が権威主義化している。民主主義はむしろ後退に向かっているという議論です。雨傘運動のさなかに私もある文章で、雨傘運動が長期化し、膠着状態に入っていった原因として、「世界標準」と「中国化」という、ふたつの相反する力の均衡状態があったと書いたんです。「世界標準」、つまり欧米型の民主主義を信奉する国や勢力が存在する。世界が香港を注視している。したがって、雨傘運動を鎮圧する際、政府は、周先生も懸念した、実弾の発射はできなかったのです。八九年の天安門事件のような流血はなかった、しかし他方で、民主化の進展もなかった。痛み分けのような状況です。ところがその後三年がたって、欧米型の民主主義というもの自体が疑われてきているわけです。自国優先のポピュリズム状況が広がり、周辺の国々や移民、弱者に対して汚い言葉を投げつけるようなことが、世界的に広がっているわけです。中国が、そういう姿をあざ笑うのです。

今年の五月に、香港の中高生に対する調査がありました。その中で、好きな政治家ベストスリーを挙げてもらったんです。すると、オバマ、孫文、習近平という順位になりました（笑）。嫌いな政治家もあげてもらいました。一位はトランプ、続いて前の行政長官であった梁振英、毛沢東の順なんです。嫌いな政治家のトップがアメリカの大統領で、それが世界の民主主義を弱らせているということなのでしょう。香港の民主主義にとって、アメリカの変化はむしろ逆風になっているのではないか。

そして、もっとも複雑な要素としては、雨傘運動をやっていた人たちが、内部対立をしているということです。雨傘運動においては、金鐘と旺角というふたつの中心が生まれました。そのふたつの中心が、非常に鮮明な対比をなしたという特徴があります。ほかの国の民主化運動においても、ふたつの中心ができたというのは、あまり例がないのではないでしょうか。金鐘は立法会もある、政治の中心地で、運動のリーダーたちがそこにいました。東京でいえば、霞ヶ関とか永田町といったところです。旺角は九龍半島の繁華街で、こちらは庶民の街です。労働者や無名の市民が集まりました。東京で言うと、わが立教大学のある池袋のような、雑多な街です。結果的に、両者の路線があわず、対立が生じました。金鐘のほうは非暴力路線でしたが、旺角のほうは武闘派が多かったわけです。後者の方は、運動の主流派が生ぬるいと言って、激しく批判しました。かなり口汚い攻撃で、それは、民主化という、いわば「高邁な理想」とは違う、反中国感情なども存在していたということです。二〇〇三年以降、香港と中国の経済融合が急速に進みました。その結果、大陸から観光客が大量にやって来て「爆買い」をする。あるいは、子どものミルクを買い占める、地価も高騰するということがあり、香港社会の格差も深刻になってきました。反中国感情の背景には、そういった庶民の切実な生活の問題が存在していたのです。こうした経済的、社会的な側面を直視しないと、民主化運動も力を持てないだろうと思います。

神戸大学に梶谷懐先生という、経済学者がいらっしゃいますが、彼は一九八九年の天安門事件の時に、学生の民主化運動が多くの市民によって支持された理由について、当時中国の保守派が進めていた経済の失敗があった、逆に、一九五〇年代に「右派」が弾圧された反右派闘争というものが中国大陸でおきたわけですが、このときは弾圧されたリベラルな知識人が「経済音痴」であったので、大衆の支持を得られることはなかった、というふうに説明をされています。つまり、理想だけではなく、社会の現実との接点の必要性ということですね。

このように、香港の民主化運動は、難しい局面にあるといえます。香港内部に敵がいて、北京に敵がいて、国際社会の逆風があり、運動内部の対立がある。こうなると、無力感が広がらざるを得ません。実際、いまの香港のキーワードとして、「無力感」というものがあるわけです。それは政権にとっては、非常に都合がいい。たとえばロシアのプーチンは、不正選挙で圧勝し、政敵に対する不当な裁判をおこなって、弾圧したりしています。こういった強引な手法が人びとの怒りを買うわけですが、他方で、やつには何を言ってもダメだ、という無力感が、抵抗を断念させる効果を発揮してしまうわけです。したがって、こうした強引な政府に対し、民衆の側がどのように無力感を克服するのか、これも大きな問題なんです。

私も答えを持たないこうした難問について、どうすればいいのかと周先生にお伺いするのは「無茶振り」ではあるのですが、折角の機会ですので、質問としてみたいと思います。

最後に、日本では何ができるかということについてお聞きしたいと思います。今日は会場に二〇〇人もの方が来られて、石井先生も大変驚かれていましたが、日本でも雨傘運動に関心を持たれた人は多い思います。それで周先生も香港以外で初めて雨傘運動のお話をされたのですが、近く「乱世備忘」という、雨傘運動のドキュメンタリー映画が日本で公開されます。実は、これは香港では、政治的・経済的理由から、公開できていません。日本において、世界で初めて公開されるわけです。そう考えると、日本が果たせる役割というのはあるように思うのです。歴史的にも、日本には孫文や魯迅とか、さまざまな亡命者や留学生を受入れて、アジアにおける基地として機能してきたわけです。周先生に、日本がどのような行動をすることを期待するのか、伺いたいと思います。以上です。

質疑応答

周保松：倉田先生、ありがとうございます。私は日本に来る前に、倉田先生は日本における香港研究の第一人者であると伺っておりました。いまのご質問を聞いていて、本当にその通りだと思いました。倉田先生からは、四点ほどご質問があったと思います。いずれも重要な論点ですが、まず、最後の質問にお答えしたいと思います。香港の民主化運動に日本は何ができるのか、何をすべきかということですね。これは、日本の皆さんが強い関心をお持ちの部分であると思います。

ドイツの有名な哲学者であるカントが、一七九五年に恒久平和論を提起しております。その中で、世界で平和を実現するためにはふたつの方法がある、と述べています。ひとつは、世界全体が一つの国としてまとまることだが、それは実現する可能性はほとんどない。もうひとつは、世界のあらゆる国において民主主義を実現するということである、と。当時は共和制という言葉で表現されていましたが、世界が民主主義の国になれば、世界で戦争が起こる可能性は極めて低いものとなる、と主張したわけです。カントの主張は、当時は夢物語と見られていました。なぜならその当時、民主主義に近い国でさえほとんどなく、せいぜい五か国くらいのものでしたから。しかし二〇〇年たって、カントの主張はほぼ正しいということが、多くの学者の結論になっていると思います。この二〇〇年のあいだの戦争を見ると、民主主義同士の国々の戦争はほとんどなく、戦争をするのは民主主義の国とそうでない国、あるいは双方とも民主主義ではない国によるものが一般的だったと思います。

こういう話をしたのは、今の中国の状況を考えなければならないからです。現在の中国は、経済発展の水準も非常に高い状況にあり、強国になって、世界に対する影響力も非常に大きくなっています。けれども、中国は民主主義の国ではありません。一党独裁の権威主義国家です。カントの理論が正しければ、中国は東アジアにおけるひとつの脅威となる可能性が十分考えられます。その意味では、中国が民主化しないということは、将来的なリスクとなると考えられます。中国や香港だけではなく、アジア全体、世界全体の人びとの問題になるでしょう。当然日本も無関係ではありませんから、中国が平和的に民主主義に移行できるように、日本がどう後押ししていけるかを、考えていただきたいと思います。

また、道徳的に考えても、日本は中国の民主化にかかわるべきだと思います。日本人は、日本の民主主義を享受しています。基本的人権、自由権が保障されています。そうした民主主義の価値を体験している日本人は、民主主義が普遍的な価値を持つと認識しているはずですから、それは日本だけに適用すべきものではなくて、香港の七〇〇万の市民、中国の一四億の市民にも適用されるべき価値であるとして、努力していくことが道徳的にも求められていると思うわけです。

実際に何ができるかということですが、国同士、政府同士のものはさておき、やはり今日、ここで行なわれているような、民間の研究者の集会などは有意義なものでしょう。まずは、香港で何が起きているかを知ってもらうことです。ここに来て、香港に関心を持っていただいただけでも、有意義なことです。また、いま多くの留学生や観光客が日本に来ています。彼らは、ただ勉学や消費のためだけに来ているわけではなくて、日本人の生活や社会を体験しているわけです。日本というのはどういう国であり、またそこではどのような民主主義が提供されているのか、それを見て体験した中国人が、その中身を中国にもって帰る。これは中国にとっても大きな資源になります。ですから、そういう中国人に対して、民主主義の良さというものを見せることができるかどうか、それが重要なポイントになるだろうと思います。

私自身は日本のことを余りよく知らないので、具体的な提案ができるわけではありません。しかし、一九世紀の末頃、日本と中国は近代化の道を共に歩み始めたわけです。ふたつの国は、それぞれが、さまざまな歴史を経験してこんにちに至っています。日本が経験したこと、そして知識人が提起した理念や思想というものは、おそらく中国の将来の変革にとって、参考となる価値を持つ重要な資源であると思います。こういった議論や思想も、中国に紹介できればと思っています。

二つ目ですが、無力感とどう闘うか、どうそれを克服していくのか。私自身は、八九年の天安門事件の時は、まだ中学生でした。しかし、実際に香港でそれを目撃したという意味では、自分は「天安門世代」であると思っています。そして二五年後、「オキュパイ・セントラル」「雨傘運動」を経験しました。しかしそれらは全て失敗に終わり、私の人生においては挫折です。しかし、失望する余裕はありません。いまも、若者たちが私のところに来ては、先生、これから自分たちはどうすればいいでしょうか、という質問をぶつけてきます。その彼らを励まさなければならない。ですから、無力感の克服というのは、自分にとってもきわめて重要な問題なのです。

私も、七年前から中国版のツイッターのアカウントを持っていて、毎日のように情報発信をして、中国国内にいる若者たちと情報のやりとりをしてきました。このアカウントは二〇万人のフォロワーがいましたが、数週間前に、何の通告もなく削除されてしまいました。現在の状況は厳しいものがあります。しかし私は、希望を持っています。マクロな視点で歴史を見ると、もともと民主主義を獲得することは簡単なことではありません。フランス革命やアメリカ独立戦争などはさておき、アジアにおいては、台湾、韓国、最近のミャンマーなど、民主主義を実現してきましたが、その過程で紆余曲折を余儀なくされました。大きな困難にも直面してきたのです。ですから、香港が特別な状態にあるわけではありません。香港が相手にしているのは、大きな力を持つ中国ですから、将来的に民主主義を実現するために、大きな障害と困難があって、それを乗り越えていかなければならないことは当然の事実です。

さらに、中国それ自体が変わらないわけではないのです。ＩＴ技術の発展もあって、中国の若者がアクセスできる情報も広がってきているし、また、若者たちの意識も変化してきています。中国政府が以前のように、厳格に国をコントロールしていくためには、大きな代償を支払わなければなりません。こうした中国の変化が、香港の将来の民主化に有利に働く可能性も考えられます。

次に三つ目。私は自分の立っている立場というものの正当性を信じています。権威主義的な独裁統治が、国民の真の支持を得られるとは到底考えられません。そのことにおいて、当然希望というものが生まれてきます。

最後に、最初のご質問に戻って、香港の民衆運動における敵とどう闘うべきかということについて考えたいと思います。

広い意味で言うと、世界的に、民主主義の価値に対する信仰は後退している、はたして民主政を堅持する価値はあるのだろうかという疑問を持つ人が増えてきている。それはアメリカでもヨーロッパでもそうです。その一方で中国が台頭してきた。経済発展に支えられているわけです。中国側の主張としては、民主主義と異なる道を通って近代化は実現できるのだ、そして中国のやり方は民主主義よりも優れているのだというもので、それを世界に向けて発信しています。とすると、われわれが民主主義を求め、民主化に向かって活動をしていく場合、なぜ私たちは民主化を堅持すべき価値として訴え続けるのか、その理由は何なのかということを問い直さなければなりません。

この問いに対して、私の方から二点述べたいと思います。一つは、中国の主張、かれらのいうところの「制度自信」は、そもそも成り立たない、ということです。中国国内の状況を見ると、富は一部の、限られた人に集中し、きわめて不公平な状況におかれています。そして国民は、国の管理する公共的な問題に関して一切口出しすることができない状況です。不公平な制度によって、一部の人だけが特権を享受できる制度のどこに「自信」が持てるというのでしょうか。それを肯定するのは、その特権を享受している人だけです。世界に適用できる「中国モデル」などでは全くありません。

二つ目として、民主主義という理念は良いものであるが、それはそれぞれの国によって、さまざまな問題に直面するということを、私たちも認めなければなりません。しかし、問題に直面したからといって、理念そのものを否定するべきではありません。それぞれの国に民主主義を適用する場合に、どのような運用がよりよいのか、そういうことについて考えるべきだということです。それぞれの国の事情にあわせて制度設計をしていくということが、正しい道筋であろうと思います。そのためには、知識人や思想・哲学をやっている人間が、自ら持っている資源を伝えていくことが必要です。

司会（石井知章）：ありがとうございます。時間がかなり押していて、十分な時間がとれませんが、会場からも質疑応答を受けていきたいと思います。時間の都合で、先に質問を出していただいてから、周先生からまとめてお答えいただきます。

会場A：中国の民主化を期待すると先生はおっしゃいましたが、いったい何年くらいかかるのでしょうか。私なんかがみていると、事態はむしろ逆の方向に向かっているように思います。民衆の利益を代弁する弁護士が大量に拘束されたり、劉霞さんの出国がなかなか許されなかったり、人権問題は悪化している。国際的にも、南シナ海に軍事的な進出をしています。具体的なロードマップが描けるのかどうかということです。

会場B：私も香港が好きで何度か行っています。旺角という、看板がずらっと並んでいる繁華街を歩いていたら、雨傘運動の写真が展示されていました。それは、どういう人たちが展示したものなのか知りたいのですが。

会場C：雨傘運動がもたらした大きな影響の一つは、路線闘争を通じて、香港の民主派の指導者たちや、従来の学生運動のリーダーたちに対する信頼が社会的に失われたことだと思うのです。若者とそれより上の世代間の対立も、激しいものがあったと思いますし、これまでの運動のあり方に多くの問題があったことが露呈した。その点はいかがでしょうか。

周保松：中国の民主化にどれくらいの時間がかかるのか。私も正直言ってわかりません。私も知りたいです。ただ、習近平政権になってから、社会的なコントロールがどんどん厳しくなっていることは、私自身の経験としても感じます。市民社会、メディアに対する弾圧もひどくなっていて、状況としては、民主化の実現はどんどん難しくなっていることは確かです。

しかし、歴史上のヒントとなるものとして、東欧の社会主義陣営の解体とソビエトの解体が、わずか一年の間に実現した事実があります。誰も、こんなに短期間に体制転換が起きるとは、予想していなかった。ジャスミン革命もそうですが、ほんのちょっとしたきっかけで、それまできわめて強力な国家と思われた体制が、一瞬にして崩れてしまうということがあります。そういうことを考えれば、けっして絶望する必要はないだろうと思います。

もうひとつのヒントとなることは、中国の国家予算のうち、一番多く支出されているのが、「社会秩序維持費」であることです。これは軍事費を超えています。年間数千億元で、日本円にすると一〇兆円規模になります。これくらいの金を使わなければ、いまの中国の秩序、中国共産党の支配を維持することはできない、ということなんですね。経済発展と強権による弾圧によって、かろうじて支配を維持しているのが現状で、これがいつまで続くかは予測できません。

具体的な期間を予測することはできませんが、重要なことは、ひとつにはわれわれが中国を変えるために何ができるか、ということです。香港だけでなく、日本についても同じです。そして、変化の兆しが生まれてきた場合に、どうやってそれを平和的、非暴力的に良い方向に導いていけるのかということです。要は、変化を正しい方向に後押しすることです。それは簡単なことではありませんが、私の信念として、中国が永遠に変わらないということはありえない。それはわれわれの努力次第であると考えます。

二人目の方のご質問へのお答えですが、たしかに旺角では、いまでも雨傘運動を継承して活動している市民がいます。私も彼らの活動を尊敬しています。

三番目の方は、質問を聞いた時点で、香港から来た留学生だということがわかりました（笑）。彼の指摘に関して、三点述べたいと思います。

一つは、どの政治運動においても、それが一歩引いたところでは、かならず路線闘争が生じるだろうということです。もともと皆同じ考えであるはずがありません。香港だけが特別、こういう状態に陥ったわけではないので、とくに心配する必要もないでしょう。そして二つ目、若者と上の世代の対立ということですが、若者も、それより上の世代も、その内部で考え方はさまざまであって、たとえば若者が皆「本土派」であるはずはないし、年をとった人間が皆「民主派」というわけではありません。路線闘争は、年齢層に関わらず存在しているわけです。三つ目は、これは自分の学生に対しても言っていることですが、年寄りのやり方に不満があると言うなら、自分でやってみれば、ということです。若者自身が主体性を発揮して、政治的な運動をうまくやれるかどうか、試してみればいい。うまくいく場合もあるだろうし、それによって、「民主派」の人たちも運動に参加してくるかもしれない。ただ批判するだけではなくて、自分でやってみることが大切だと思います。

今日は、初めて日本に来て、日本では無名の自分の話を、これほど多くの人たちが聞きに来るとは予想していませんでした。感激しております。皆さんが私の話を熱心に聴いて下さっただけでも、私にとっては希望であります。ありがとうございました。

司会：日本の役割ということですが、周先生は、きょうのような集会を催すことがその一歩であるとおっしゃいました。私も、今日の集まりは、五〇人、六〇人くらいしか集まらないだろうと思っていたのですが、二〇〇名を超える方に参加していただきました。これが、香港と中国と日本との今後の関係を、潜在的に物語るものとなるのではないかと感じています。

きょう講演して下さった周先生、コメントをいただいた倉田先生、通訳をしていただいた徐先生、本当にありがとうございました。

（二〇一八年六月二四日、明治大学アカデミーコモン）

不服従者の言

周保松

［上］逮捕の前

私は二〇一四年一二月一一日午後五時一分、金鐘夏慤道（アドミラルティ・ハーコートロード）で香港警察に正式逮捕された。罪状は「違法集会」と「公務執行妨害」、これが私が市民的不服従を選んだことで受けた刑事罰である。私の人生設計の中で、こんな道を歩もうとは思いもしなかった。この一歩を踏み出したあと、この先の人生にどのような影響があるのかは、いまは予測し難い。だが記憶と感覚がなおあるうちに、この経験し省察したところを書き記して、個人のための記録とし、歴史のための証

絵の上手な人が、日本のアニメの主人公も雨傘運動を応援している姿をチョークで路上に描いていた（2014 年 11 月 26 日・金鐘オキュパイ地区）。

言を残したい。

私が学聯〔香港専上学生聯会〕の呼びかけに応え、警察の強制排除の際に逮捕されるまで静かに座っていようと決めたのは、一二月一〇日の夜のことだった。その日の夕方六時、私は一人で金鐘に行き、オキュパイの現場の全体をじっくり見て回った。そして八時頃、私は干諾道（コンノートロード）の陸橋の縁石の上に、静かに身を横たえて小一時間ほど過ごした。すでに思いははっきりし、心も落ちついていたので、思わずしばらく眠ってしまった。目が覚めると、少女が通りにしゃがんで、一筆一筆「天下太平」の大きな絵を描いていたのだが、そこに一本ずつ黄色い雨傘が描かれているのが見えた〔天下太平は、紙とペンで遊ぶ陣取りゲーム。防御や攻撃のための道具は何を描いてもよい〕。私も急に思いついて、地面に落ちていた二本のチョークを拾うと、誰もいない所に行って、「わ

オキュパイ地区は休日にはいつもより人が多い。中文大学の統計によれば、オキュパイの期間中、およそ100万人を超える人びとがそこに入った（2014年11月15日・金鐘オキュパイ地区）。

れわれは悲観する理由はない、われわれはこうするしかない」という二行の字を書いた。高架に立って、下のほうにあるまだ明かりがともった自習室、そして四方で写真を撮っている人びとを見た。私にはわかっていた、これが最後の夜であると。その夜、私は特別に何かをしなかった、一人で、座り込みのテントを一つひとつ見て回り、その一つひとつの姿を覚えておこうと試みたにすぎない。

　家に帰ったのはすでに真夜中、私は妻に自分の決意を伝えた。なんども議論しては、私はいつも最後にこう言った、こうしないわけにはいかないんだと。妻は私の心がすでに決まったとみて、不承不承こう言った。明日の朝あなたが早起きできなくて、目が覚めたときには、すべてが終わっているといいのに、と。朝八時半に起きると、ちょうど三歳の娘が幼稚園に行くところだった。私は彼女を抱きしめて、パパは今晩うちでご飯を食べられないんだ、ごめんねと言った。そして妻に、娘に暗い影を落とさせないよう、私のことはくれぐれも言わないようにと念を押した。この何か月か、娘はテレビで警察の姿を見るたび、我慢できずに「警察が連れて行くよー」と、恐怖に満ちた声で叫んでいたから。

*

金鐘に戻ったのは、午前一〇時近くだった。地下鉄の駅を出ると太陽の光がふりそそいでいたが、世界はもはや同じものではなかった。夏慤村〔金鐘のオキュパイの中心となった地区〕は乱暴されたあとで人影もなく、レノン・ウォール〔オキュパイのシンボル空間〕に貼られていたたくさんの思いももう見えず、ただ「We are Dreamers」という三つのことばだけが、孤独に壁の上に残っていた。以前「失望はしても、絶望はしない」と書かれていた壁には、「初心は愛」という四つの文字だけが残されていた。字は白、紙は黒、壁は灰色。九月二八日、私はこの壁から数歩のところで、無数の市民と一緒に、はじめての催涙弾を味わっていた。その時には、まさかそれが香港の歴史の転換点だったとは思いもしなかった。さらに、その七五日後、私が再び無数の市民と一緒に満員の地下鉄に乗って、金鐘に戻って行く――彼らは仕事へ、私は逮捕されに――ことになろうとは、さらに思いもよらなかった。

排除された後、香港政府中央庁舎の「レノン·ウォール」が清掃されている。オキュパイの時期、79日間にわたって、この壁に大量のスローガンやポスターが、何層にも貼られていた。この写真を撮影したときには、最も早い時期に貼られた「初衷是愛（初心は愛）」というスローガンが下から姿を現していたが、「愛」の字はすでに取り去られていた（2014年12月12日・金鐘オキュパイ地区）。

排除の日、1人の女性が「レノン・ウォール」を通り過ぎていく（2014年12月11日・金鐘オキュパイ地区）。

壁の前でしばらく黙って立っていると、陽の光の中を、ジョンソン（楊政賢）とイーソン（鍾耀華）が、遠くから並んで歩いてくるのが見えた。彼ら二人は政治行政学系の学生で、中文大学の元学生会長だ。ジョンソンは民間人権陣線の呼びかけ人、イーソンは学聯の常務秘書で、政府交渉に参加した五人の学生代表の一人。このあとにくる排除の過程では、イーソンが始めのほうで捕まり、ジョンソンは最後のほうだった。私たちは多くを語らず、「We will be Back」という横断幕の前で一緒に写真だけ撮って、夏愨道と添美道（ティムメイアベニュー）が交わる方へと一緒に歩き出した。そこには、一群の不服従者がすでに地面に座り込み、最後の時を待っているのだ。

現場に着くと、思っていたより人が少ないことがわかった。座り込んでいるのはやっと二〇〇人ほど、外側で遠巻きにしている記者や野次馬も少なかった。意外だったのは、汎民主派の立法会議員らが来ていたことで、李柱銘〔民主党創設者〕、黎智英〔当時・蘋果日報社長〕、余若薇〔当時・公民党主席〕、楊森〔元民主党主席〕、李永達〔元民主党主席〕らがいた。想定していたのとはずいぶん違っていた。私はもっと多くの若者たちがこの場に残っているだろうと考えていたのだ。けれど、私はこのことに失望したわけではなく、ひそかにそれが幸いだったとさえ感じた。若者たちが支払った代償は余りに多く、これ以上の犠牲を払う必要はない。だがより深くその原因を探らなければならない。今回は、七月二日のオキュパイの予行演習の時とは大きく違うのだ。私は、雨傘運動の経験を経て、若い世代の市民的不服従に対する理解が、すでに根本から転換した

排除の日、座り込む周保松（2014年12月11日・金鐘オキュパイ地区）。

のではないかと考えている。

ルソーの「社会契約論」の議論を逆に言えば、香港政府は、「権威」（authority）から「権力」（power）へと堕落してゆく過程を深く歩んでいることになる。[1]正当性のない権力は、せいぜい人を恐怖で屈従させるだけで、政治的義務感を生み出すことはできない。そして市民が服従する義務を感じなければ、市民的不服従のなかでもっとも核心となる「法律に忠実である」という道徳の拘束力は大きく弱まることになろう。香港の以前の危機は、権力が人民の投票によって授権されていないことに起因していたが、人びとが条件付きでそれを受け入れてきたのは、それが多少は法律秩序と専門的職業倫理を守るものであったからである。現在の危機は、当局がなんの制約も受けつけない態度で恣意的に公権力を濫用し、ついには権力の正統性をさらに失わせるに至っているところにあり、それがさらに広範な政治的不服従を引き起こしているのだ。
私は最初後ろの方に座っていたが、やがて学生とともにいなければならない、そのほうがよいと思い、前から二列目の右はじに移った。わたしの隣に座っていたのは、ミーナという少女。学生だと思って聞いてみるともう働いているのだという。一〇月から学聯の手伝いをしていて、多くのボランティアのうち唯一、座り込みを選んだ一人だ。彼女に、どうしてこうすることに決めたのかとたずねた。彼女は、このようにすることが正しいからだと言った。再度、両親は知っているの？　とたずねた。彼女は少し笑って、今朝一時間かかってお母さんを説得したの、と答えた。私と同じ列には、ほかに周博賢〔シンガーソングライター〕、何芝君〔フェミニズム運動のリーダー〕、何韻詩（デニス・ホー）〔歌手・女優〕、羅冠聡〔学聯事務局長〕らがいた。また少し遠いところに、私の元の学生の黄永志〔社会民主連線〕と、中文大学で同期だった蒙兆達〔香港職工會聯盟〕と譚駿賢〔同〕がいた。そして私の後ろには、韓連山〔保衛香港自由聯盟創設者〕、毛孟静〔当時・公民党議員〕、李柱銘、李永達などが座っていた。今日座り込んでいるのは、政党やNGOのメンバーが多く、私のような「独立人士」は多くはないようだとわかった。

*

警察が障害物を撤去するスピードは緩慢で、あいだに数時間の間があった。私たちは現地でその時を待ちながら、警察が何度も、とどまっている人にいますぐ退去しなさいと警告するのを聞き、オキュパイ地区の出入り口が少しずつ封鎖されていくのを見ていた。現場の雰囲気はとりたてて緊張してはおらず、みんなはときにスローガンを叫んだりしたが、感情を高ぶらせるようなことはなかった。私も内心は平静だったが、ときには座り疲れて、立ち上がっては密集した記者を眺め、それほど遠くない所で警戒にあたる警察を眺め、歩道橋の上に立つ野次馬を眺めたが、頭を下げて傍らにいる疲労の表情を見せる学生たちを見た時には、やはりいくぶんかの困惑と心の痛みを免れることはできなかった。どうして私たちはここにいるのか？　どうして他の人たちはここにいないのか？　どうして私たちの「こうしないではいられない」ことが他の人の眼中には少しもないのか？　香港というこの都市は、本当に私たちがそのために代償を払う価値があるものなのか？

私は素直に認めなければならない。警察が逮捕活動を始めたとき、私の脳裏をかすめたものは、ただ立ち上がってそこを出さえすれば、私はもはや「彼ら」ではなく、地下鉄に乗って学園に戻り、再び私の安穏とした生活に戻ることができるということだったことを。目の前の引き受けなければならない一切は、もともと私の世界に属しているものではないし、私もどんな人に対しても、座り込まなくてはならないと請け負ったわけでもないのに、どうして私がこのような選択をしなければならないのか。私は自問した。

これは実は私がこのふた月の間、ずっと考えていた問題だった。私は理解したかった。結局どんな原因が、このように多くの若者たちを立ち上がらせ、抵抗の道を歩ませて、ついにはこれほど大きな個人的代価を払ってもよいとまで決意させたのかということを。それは当然、誰かにそそのかされたわけでも、あるいは何か個人的によいことが得られるからでもあるまい。

鄭煒［香港公開大学講師］と袁瑋熙［フランス現代中国研究センター］によってなされた代表的なオキュパイ参加者に対する調査によると、運動に参加し、かつオキュパイを堅持した人びとで最も多かったのは、教育水準が高く収入もいい若いホワイトカラーと専門職の人びと（五五％超）であった。常識的には、彼らはゲームの受益者であって、ただ個人のことだけ考えるなら、彼らが実際そのようなことをする理由はない。彼らが立ち上がった主な原因は、「真の普通選挙の要求」（八七％）、すなわち自由で平等な市民が彼らの持つべき政治的権利を行使できるということだった[2]。

だが、民主は彼らにとってなぜかくも重要であるのか？　少なからぬ人がただちに、それは彼らが、普通選挙が香港のいまの多くの困難、たとえば家賃のあまりの高さ、貧富の差あるいは多くの社会問題を解決できると信じているからだ、と言うだろう。言い換えれば、民主だけが問題を解決する手段だと。私はこうした解釈はあまり説得力を持たないと思う。まず、これらが真の問題であったとしても、無邪気にも民主が万能薬であり、真の普通選挙がありさえすれば、問題はすっきり解決できるとみなす人が多少なりともいるとは思えない。一歩ゆずって、民主が真にこれらの問題を解決する助けになるとしても、やはり人びとが立ち上がった直接かつ強力な理由とすることは難しい。つまりはそれらはマクロな制度の結果であって、いまの個人にしてみれば、あまりに遠く不確定なところにあるものだからである。

*

私はさらに信じたい、もしもなんらかのカギとなる瞬間に、個人が深く熟慮した後においてなお、なんらかの価値のために大きな代償を引き受けようと思うなら、それはこれらの価値がすでに各種の方法で彼らの生命に入り込んでいたからであり、彼らの道徳的自我の分割することのできない一部分となっていたからに違いないということを。これらの価値が踏みにじられたとき、個人は直接の被害と屈辱を受けたと感じ、尊厳が損なわれたと自覚する。まさにこうした意味において、人びとは恐れを抱いたり、権力者の決定を変えることがきわめて難しいことを知っていても、自己の人格的尊厳を守るために立ち上がるのである。

私は、このような道徳的背景のもとではじめて、今回の雨傘運動の中で、どうしてあれだけ多くの声なき無名の香港人が、催涙弾と警官の棍棒による傷害にひるまず、真の普通選挙を願って、ひいてはそのために逮捕勾留されることさえ望んだのか、正しく理解することができると思う。

獅子山(ライオンロック)に掲げられたあの「真の普通選挙を求める」という巨大なスローガンは全香港人の深い共鳴を引き起こしたが、それは真の普通選挙がたんに一種の制度にとどまらず、私たちの共同的な価値の叫び――それぞれの市民すべてが受けるべき平等の尊重であり、平等に政治に参与する権利であったからである。これは一種の平等と尊厳の政治なのだ。

支配者と特権階層にとっては理解できない世界である。彼らは、人は経済人である以外に、道徳人でもあるということが理解できない。新しい世代は、もはや旧い価値モデルを用いて自らを理解し、生まれ育ったこの街を理解することを望まない。雨傘運動は権力者に、香港人はもはや逆風をやり過ごすことを望まず、自らの権利のために闘うということをはっきり告げた。これまで、こうした政治的な訴えが有効な反応をもたらさなかったどんな制度も、今後は大きな挑戦を受けることになるだろう。この過程はどれだけの苦痛と多大な代償を経なければならないのか、私たちすべて――とりわけ権力者――が必ず真剣に向かいあわなければならない問題である。

まさにこうした問題を抱え込み、私はこの日のカバンの中に衣類と飲料水のほかに、クリスティーン・コースガードの『規範性の源泉』を入れておいた。(3) ロンドン・レビュー・オブ・ブックス［イギリスの書評紙］の記者が興味を示し、わざわざやってきて、いま何の本を読んでいるかと聞いてきた。私たちはこの喧噪の中で、道徳と社会的地位の問題についてしゃべった。「独立媒体」［民間の独立メディア］の記者もやってきて、私になぜ座り込んでいるのか、と尋ねてきた。

私は少し考えて、自分の人格を完成させるためだと答えた。完成というのは、他の人に対する説明ではなく、自分に対する説明、自分の内心に対する説明であった。私はこの時、実はよく考えていたわけではなく、ただもしこうしなければ、自分の良心が不安で、自分の生命に欠落が生まれるのではないかと感じていただけなのだ。このときの逮捕によって、いくらかのものを失うかもしれず、いくらかの圧力を受けるかもしれないが、しかしこのとき私はとても落ち着いていた。

*

この運動のなかに、全霊をかけて没入していたそれぞれの参加者はみな、人知れぬ葛藤を経て、然る後に自分が正しいと思う道徳的選択を行い、ただ自分だけがわかっているさまざまな代償を引き受けたのだと私は信じている。巨視的には、私たちは波乱に満ちた壮大さだけをたやすく見ることができるが、個人がどのようにそこにとどまって彼らの信念を生きたのかまでは見いだすことはできない。この運動の中で、もっとも私の心を揺り動かしたのは、まさにこれらの平凡だが偉大な香港人であった。強制排除の前日、私は我慢できずに何度も立ち上がっては、現場のひとつひとつの顔をつぶさに見つめた。そのうちの三つが、とりわけ私に印象深い。

區龍宇、退職教師で、生涯、労働者の権利への関心を持ち続けている。清貧で読書を好み、人となりはさわやかで正直である。一九年前、私たちはイギリスで初めて会い、自由主義とマルクス主義の激論を二晩かわした。今回の運動が始まると、彼は全霊をかけて投入し、Facebook上で若者たちと自由に議論し、オキュパイ地区でなすべきことをした。他と全く違う「六〇年代生まれ世代」〔正確には五〇年代生まれ〕。この日、彼は私の手を握って言った。「私は歳だからどうでもいいけれど、君はまだ若くてやるべきことがたくさんある。ここに残って逮捕を待つことがそれに値するか、よく考えるべきだよ」。

周豁然、中文大学人類学部の学生、人となりはその名のとおりに豁達安然〔心が広くゆったりしている〕、耕作を好み、環境保全に関心をもつ中文大学農業発展グループの中心メンバー、また土地正義聯盟の各種行動にも積極的に身を投じてきた。二〇一四年六月二〇日の東北〔新界地区〕開発に反対する集会のあと、彼女は初めて逮捕された。七月二日の早朝、私は遮打道（チャーダーストリート）で、彼女が再び警察に連行されるのをこの眼で見た。九月二八日には、彼女はデモの現場の最前線にいた。後になって彼女は私に、この時はゴーグルもつけず雨傘も持たないで、警察のペッパースプレーと催涙弾に直面することにしたのだと言った。この日彼女は朱凱迪〔土地正義聯盟〕や葉寶琳〔香港独立媒体〕らと最後列に座り込んでいた。私は彼女に近づくと、小声で言った。「もう二回も捕まっているのだから、今日はもうその必要はないだろう」。彼女は少し笑ったが、何も言わなかった。

朝雲〔蕭雲〕、市民ジャーナリスト、痩せて青い顔をしており、目の奥につねに憂いを宿している。オキュパイ運動が始まってから、彼は仕事を辞めて、すべての過程に身をゆだねて、参加しないところはなかった。将来人びとが回顧するときがあるかもしれないが、もし朝雲が撮影した写真や文章がなかったら、私たちのこの運動に対する認識は、まるで違ったものになっただろう。朝雲はただの記録者ではなく、オキュパイの予行演習でも逮捕された。旺角（モンコック）の強制排除でも逮捕された。この金鐘の強制排除の際には最後まで座り込み続け、最後のシャッターを押してからカメラを知人に託して逮捕された。のちの銅鑼湾（コーズウェイベイ）の強制排除でも再び捕まった。この日私たちは話をする機会はなかった。私たちの間は人びとの群れで隔てられていて、遠くから相手を見て、目を合わせてはほほえみ、そして別れを告げた。

これらの友たちと一緒にいられたことは、私の人生で最大の幸せだ。ありがとう、君たち。

［中］市民自ら弁護する

二〇一四年一二月一一日午後四時頃、排除の時がついに来た。まず私たちの前に並んでいた記者たちが騒ぎ出し、そして真ん中に一つの隙間が現れ、警察がそこから入り込んできた。私たちは一列ずつ座り込み、手と手をからませて、体を後ろに倒し、頭を上げて空を仰いだ。時ならず

「市民的不服従は何も恐れない」「真の普通選挙を求める」「人民代表大会は私を代表しない」といったスローガンが叫ばれた。数え切れないカメラやビデオ、数え切れない人びと。たいへんな騒ぎとなったが、またとても静かでもあった。私たちは世界の中心にいるようであり、また世界の外にいるようでもあった。

私は静かに座りながら、思考は遮られることはなかった。私は蓮生を思いだした――彼女は鍾玲玲〔香港の女性作家、批評家〕の小説『愛蓮説』のヒロインで、一九七一年のヴィクトリア公園の保釣〔尖閣諸島防衛〕運動に参加して逮捕された。[4] 私は大学時代、何度もこの本を読みふけった。私は一九七一年から二〇一四年まで、ヴィクトリア公園から金鐘まで、保釣から普通選挙までの間に、いったいどんな私の知らない秘密が存在しているのだろうかと思った。私はまた、先週の最後の授業で、学生と一字一句読み上げた『正義論』の愛と正義について論じた部分について思った。「傷つくことの少ない愛は、最もよい愛ではない。私たちの愛は、傷つくことと失うことの危険を引き受けるものであるべきだ」[5]。私の思考は、九月二二日へとかえっていった、それはすべての運動が始まった最初の日であった。私は新亜書院〔中文大学所属カレッジの一つ〕の円形広場でさまざまな大学の学生たちに「民主実践と人の尊厳」について語った。その日太陽はきらめき、学生たちのシャツで一面真っ白で、金色の光が若者たちの顔に輝き、目には希望が満ちていた。そのとき私は学生たちに、私たちは世界の中に生きている、私たちが変われ

中文大学は香港最大の大学である。学生はここで、授業ボイコットの集会を開いた後、金鐘の添馬公園に移動した。ある学生は校舎のガラス扉に村上春樹の有名なスピーチ「永遠に卵の側に立つ」を書き記した(2014年9月22日・香港中文大学)。

烈しい日差しを学生たちは傘で遮ぎった。このときはまだ、授業ボイコットが「雨傘運動」へと発展していくことなど誰も思いもしなかった(2014年9月22日・香港中文大学)。

ば世界も変わる、と語ったことを覚えている。

私の思考はすぐに断ち切られた。はじめに逮捕されたのは、中文大学学生会の石珮妍、二人目は学聯の鍾燿華、三人目と四人目は、学民思潮の周可愛と呉文謙、五番目は学聯の黎彩燕。逮捕の段取りはこうだ。まず責任者である警視が不服従者の前に立ち、逮捕状を読み上げて自分で立って歩けるかどうかと問う。もし回答がノー、あるいは沈黙であれば、数名の警察官がすぐにやってきて、不服従者の手足をつかみ、担ぎ上げて外につれ出して、数十メートル先に止めてある観光バスに押し込んでゆく。

私は二列目に座っていたので、前にいる人たちが一人ひとり逮捕されていくのを間近で見ていた。初めてこのような真実を感得した。良民と犯罪人とは瞬時の差だと。一秒前、君はまだ自由の身だった。一秒後、君は地下の囚人となる。風刺的に言えば、結局権力を持つ者はこのような権力を持ち、権力の正当性がここから生じるのであるから、いま捕まるのを待っている私たちは、力を尽くして抗議しなければならないのだ。

すぐに私の列にやってきた、私はふりむいて、後ろにいた韓連山、李柱銘、黎智英氏らと握手を交わし、彼らのこれまでの努力に感謝した。私は頭を上げ、「希望は人民にある、変革は闘いから始まる」と書かれた横幕が隊列の真ん中にあるのを見た。何韻詩まで来たとき、人びとが沸き立ち、記者が群がったが、他の人と異なることはなく、彼女も素早く連れて行かれた。続いて何芝君先生。また続いて、私の傍らにいた若い学聯ボランティアのミーナ。私は彼女の手を離し、つとめて気軽に、怖がることはない、すぐ会えるよと言った。私の番が来たとき、自分で立って歩くと警視に言った。二人の警察官が私を人の群れに押し出した。そこを離れるとき、私は「市民的不服従、正々堂々」と叫んだ。午後五時だった。二〇九人のうち、私は二二三番目だった。

＊

私とその他逮捕された二〇八名の市民、先に占中三子に従って警察に自首した六〇数人、さらに七月二日早朝に中環で逮捕された五一一人のすべてが、はっきりと市民的不服従の実践を表明したが、その目的は中央政府が約束を果たし、香港での二〇一七年特別行政区長官の真の普通選挙を受け入れることである。だから私はこれらの人を不服従者と呼ぶのである。この雨傘運動は、九月二八日の警察による催涙弾発射と、それに触発された一〇万を超える示威者が金鐘をオキュパイしたことに始まり、一二月一五日、銅鑼湾の強制排除をもって終わりを告げた、七九日間にわたって、無数の市民が異なる方法でそれに参加し、すべての世代と若者たちを政治的に覚醒させた、香港史上最大の市民的不服従の運動だった。「すべては後戻りできない」、多くの不服従者の共同体験でもある。

しかし私は同時に、あらゆる市民がこの運動を受け入れているわけでは決してなく、極度の反感、オキュパイ参加者は法を知りながら法を冒し、法治を破壊し、市民生活に影響を与えているとみなしている者があることを知っている。われわれ行動者は、己れの行動の正当性を解釈する責任を誰かに負わせるわけにはいかない。だから私はここで、私の行動の弁護をしよう。

重要なことは、香港は私たちそれぞれにとっての家であるということだ。自由、民主、法治、公正が私たちの共同して追及する価値であるなら、私たちは、私たちの真の敵は黄色いリボンか青いリボンか［それぞれ、オキュパイ派と反オキュパイ派のしるし］ということではなく、私たちの政治的権利を奪う体制と今の体制のもとで各種特権を享受している人間であることを知らねばならない。こうした状況を変えるためには、私たちは逆風をやり過ごしておきながら、特権者がある日突然良心に目覚めることを期待するような態度にとどまることはできない。私たちは、それは不可能だと知っている。私たちの権利は、私たちの一つひとつの闘いによってのみ可能だ。闘うためには私たちは団結しなければならないから、団結してはじめて、私たちは力を持つのである。これが香港人が明確にしなければならない現実だ。だからこの運動の後、私たちはもはや黄色と青色の争いにかかずらあうのではなく、理解し、共同して直面するさらなる困難に挑戦していかなければならない。

市民的不服従の核心的な理念は、市民があえて公然と法律に不服従するということである。ど

政府本部を守る警察に、市民は花を捧げ、お互い敵同士ではないことを示した（2014 年 9 月 27 日・金鐘オキュパイ地区）。

雨傘運動が広がる以前、政府は中環に大量の鉄柵を準備して「オキュパイ・セントラル」に備えていた。しかし警察の学生に対する暴力は応援に来た市民の想像を超えていた。彼らはこの鉄柵を、警察に対するバリケードとして使った（2014 年 9 月 27 日・金鐘オキュパイ地区）。

横たわる支援の市民。レインコートを着、ゴーグルを着け警察の突然の進攻に備える（2014年9月27日・金鐘オキュパイ地区）。

うして不服従なのか？　もっとも厳しく政治的抗議をするためである。どうして抗議しなければならないのか？　政府がきわめて不正義なことをしているからである。どうしてこういう方法でなければダメなのか？　これまで試みてきたその他の、法律で認められている方法（たとえばデモや署名運動）では、政府は動こうとしないからである。どのような確実な方法が政府を変えることができるのか？　確実なものはない。市民的不服従は一種の弱者の闘争であるが、政府の統治権威に公然と挑戦するので、その統治を維持するために、政府は法に基づいて不服従者を逮捕し、懲罰を加え、見せしめにする強い理由をもつ。さらなるパラドックスは、不服従者は明らかに法律制度に忠実であるので、自ら刑罰を受けることを望むし、逃げたり武力で犯行したりしようとはしないことだ。

ならば、市民的不服従のパワーはどこからやってくるのか。不服従者のところからやってくるのではない。市民的不服従の本質は、不服従者が自己犠牲を通して、大多数の人びと（政府人員を含む）の良知と義憤を引き起こし、さらに大きな規模の社会的闘争を作りだし、最後には法律および政治改革の促進を期待することにある。もし大多数の市民の支持がなければ、わずかばかりの不服従者の肉体だけで、政府に対する圧力を生み出すことは不可能だ。

そうだとすれば、市民的不服従は政治闘争であるばかりではなく、同時に道徳教育でもある。この運動において、私たちは街頭をオキュパイするだけでなく、人の心をオキュパイして、大多数の市民の支持をかちとらなければならない、人心を得られなければ、不服従者が支払う犠牲は償いきれないものとなるだろう、と考えた人がいる。まさにこの背景のもとで、私たちは市民的不服従の理論が、どうして「公開」（public）と「非暴力」（non-violent）という二つの原則を特に強調するのか、たやすく理解することができよう。ただ公開によってのみ、その他の市民は不服従者の行動の背後にある理論的根拠とその正当性を知ることができ、不服従運動への信頼と同一化を強めることができる。ただ非暴力によってのみ、政府が焦点をそらして社会秩序の維持を理由に運動を暴力的に鎮圧することを回避することができるし、同時に民衆の共感と支持を得ることができるのだ。

以上のような特徴から、私たちが、一つの市民的不服従運動で一挙に成功を収めようというのは無理な相談なのである。それは武装暴動あるいは「ソ連・東欧、中東などの」カラー革命とは違う、相当長期にわたる平和的な闘争なのだ。わざわざ法を犯すことは手段であるだけで、目的それ自体ではない。もし私たちが違法でないやりかたでより効果的な闘争を進めることができるなら、何も法を犯す理由はなく、法を守ることは義務でさえあるだろう。ここに、市民的不服従が合法的な抗議と全面的革命の間にある一種の闘争方法であることが見て取れる。それは違法ではあるが、すべての法律制度の権威を否定することを意味しない。あるいはさらに正確に言うなら、その最終的な目的は、違法な手段を用いてすべての制度をさらに公正なものへと変えていくよう促すということだ。ここに基本的な出発点がある。私たちが直面している制度は、ある種の法律と政策はきわめて不公正であるとはいえ、しかし全体から見れば依然として政治的正当性を備えており、したがって私たちがそれに忠実であるに値するものであるということだ。

けれども私たちは留意しておくべきである。一個の非民主的な政治体制においては、その総体としての政治的正当性は比較的弱体で、市民の忠実度も自然と低下することを。ひとたび権力者が不服従行動を暴力的に鎮圧すれば、民衆の憤激がまきおこり、市民は再び法律を守る義務はなくなったと考えるようになるかもしれず、不服従の行動はたやすく暴動、果ては革命にまで変貌するだろう。歴史に学ぶなら、こういう局面は避けなければならない。唯一の道は、積極的に人びとの訴えに応え、民主的改革を推し進め、人民が市民的不服従をする必要がないと思うところまで進むことだ。

＊

上述した枠組みから出発するならば、私たちは雨傘運動が実に徹底的な市民的不服従運動だったとみなすことができる。運動は最後に強制排除をもって終わりを告げ、政府に迫って何らかの譲歩を引き出すことはできなかったとはいえ、すばらしい成果を得た。最も重要なことは、市民の広範な支持を得たことだ。政府および少なからぬ主流メディアはずっと運動へのレッテル貼りをして、民心を得ず外国勢力のコントロールを受けた違法活動であると、さまざまな手段を用いて運動を黒く塗りつぶした。だが「中文大学メディアと民意調査センター」の二〇一四年九月以降の四回にわたる追跡調査が明らかにしたことによれば、「市民のオキュパイ運動への支持率はそれぞれ三一・一%、三七・八%、三三・九%、三三・九%」であった。これが意味するのは、三人に一人の香港人が「非常に過激で、きわめて危険」な不服従の理念を支持したということだ。調査はさらに私たちに、「全部で二割（一三〇万人）がさまざまな時期にオキュパイの現場に行ってそれを支持した。オキュパイ運動は学生主導によるものだったが、支持者はさまざまな人口群および社会階層に及んでいた」ことを告げている。[6]

数字がすべてを説明している！　長期にわたって遵法を尊んできた一個の相当保守的な社会で、ついに数十万の市民が催涙弾と逮捕の危険を冒し、そして家族、学校や教会の圧力を受けな

傘を持つ女性の前に、「兩傘革命」のスローガン（2014年10月3日・銅鑼灣金鐘オキュパイ地区）。

がら、自発的にふた月あまりに及ぶ市民的不服従の行動に参加したのだ、とてもすばらしいことだ。さらに得難いことだったのは、すべての運動のなかで、参加者がきわめて高い市民的素養、自発・自主・自立・自重を示したことである。一貫して平和と忍耐、理性の方法で訴え続けたことは、世間を挙げての賞賛をよびおこした。どのような理由から言っても、これが失敗した運動であるだろうか？　私たちは香港人であることを誇ってもよいのではなかろうか？

中国共産党は民情を顧みずに独断専行し、香港の権力者は理屈に合わないことを言い、もうけのためには手段を選ばない。彼らはしばらくは権力を擁するとしても、今回の運動ですっかり民心を失った。二〇一四年は必ずや香港の歴史の分水嶺である。

最後に、しばしば目にするいくつかの批判に対して応えよう。第一、ある論者はオキュパイ参加者が長いこと道路を占拠したので、交通に影響し、付近の商店に損失を蒙らせた、もちろん動機は高尚だが、無辜の者の利益を犠牲にしたではないか、という。この問題の処理は難しくない。政府がたとえば影響を受けた商店の税金を軽くするとかして、市民の経済的損失を補償すればよいのである。道理は単純だ。今回の運動の目的は、あらゆる市民が最も基本的な政治的権利を勝ち取るためのものであり、これらの権利は私たち一人ひとりにとって、きわめて重要なものである。オキュパイ行動によって、やむをえず誰かの利益が害されたのであれば、あらゆる人びとが共同で負担しなければならない。政府は人民を代表して、全納税者から税収を得るのだから、政府が代わりにこれらの損失を補償することは、簡単であり、あるべき正義である。

第二、オキュパイは違法である、違法すなわち法治への違反である、だが法治は香港の核心的価値であるから、許されざる悪である。この批判に対しては、私たちが置かれている状況は、無条件に法が守られるべきものなのかと、立ち止まって考えたほうがよいだろう。マーティン・ルーサー・キングは、有名な『バーミングハム監獄からの手紙』のなかで、法律には正義の法と不義の法の区別があると私たちに告げ、聖アウグスチヌスの観点「不義の法は根本的に法ではない」も引用している。[7] 私たちは法を守る義務があるが、法律が私たちの生命、安全と権利を保障し、私たちが合理的な生活を送れるようにさせるのに充分である限りでのことである。もしもある法律が私たちの基本的権利を侵犯するのであれば、私たちは法を守る道徳的な義務はなくなる。反

女性が読んでいるのは『市民的不服従の三巨人』。すなわちガンジー、マーティン・ルーサー・キング、マンデラの生涯（2014 年 10 月 6 日・旺角オキュパイ地区）。

占拠者は常に読書で気晴らしをした(2014年10月5日·銅鑼灣オキュパイ地区)。

オキュパイ地区では、異なるグループの紛争が絶えなかった。占中三子のひとり、戴耀廷教授はオキュパイ地区で公開討論会を行い、質問に答えた(2014年10月19日·金鐘オキュパイ地区)。

対に、己を尽くして不義の法をただすことは、私たちの責任なのだ。

　第三、市民的不服従はパンドラの箱のようなもので、開けてしまえば、災いが尽きないことになる。どんな人でも、市民的不服従を口実に、違法なことをするかもしれないのだから。これは考えすぎである。道徳的良知と公共の利益に基づくいかなる不服従行動についても、不服従者は自らの弁護のためにも、その道徳的な理由を公然と明らかにする責任がある。さらに重要なのは、不服従者は自己の法律的責任を回避しようとはしないし、裁判官もまた、何が道徳性を具えた正当な市民的不服従であるかを区別する能力を持っているということである。市民的不服従と一般の犯罪行為を区分せず、同じものとしてごちゃまぜにしているのだ。私もロールズの『正義論』の、一個の正義に近い民主社会においても、市民的不服従は依然として憲政体制を安定させる道具とみなされるという説を受け入れている。裁判官は関連する案件を処理するときは、背後にある理由を慎重に考慮するべきである。[8]

　第四、ある人は今回のオキュパイ行動は間接的な市民的不服従であり、直接違反して抗議しようというやりかたはしなかった、それは市民の支持を得るのが難しかったからである、と考えている。これは事実ではない。前述の民意調査からすると、終始、三割を超える市民がオキュパイ行動を支持したが、彼らは当然、道路を占拠することそれ自体が、真の普通選挙を勝ち取ることと、直接の因果関係などないことを知っていた。このように問う人があるかもしれない、どうして直接的な市民的不服従を選ばなかったのか、と。原因は簡単だ。できなかったのだ。私たちは直接、一条［香港基本法「第一条　香港特別行政区は中華人民共和国の不可分の領土である」］と人民代表大会の八三一決議案の関連法規に違反することはできない。事実、初めて「市民的不服従」を提唱したアメリカの作家ソローは、当時のアメリカのメキシコに対する戦争への反対と、奴隷制のための人頭税の支払いを拒否して、最後に一日だけ監獄に入った。これが典型的な間接的市民的不服従である。(9)

紙数に限りがあるので、私の自己弁護もここで終わりにするしかない。(10)市民的不服従は一種の非正常な闘争方法である。それはどのような条件の下であれば正当性を持ち、その境界と限界はどこにあり、その社会的な代償を誰が負うべきか、それはどのようにすれば最も多くの市民的支持を勝ち取れるのか、など現時点での答えはない。しかし私たちは、具体的実践の中でゆっくりと探し求めていかなければならない。この学習過程の中では、私たちは最大の謙虚さと開放性が必要だ。社会改革は険しい道であり、私たちには勇気と熱情を持つほかに、さらに理解と対話が必要だ。そしてさらに多くの人とともに、探求する努力をしていかなければならない。

＊

逮捕された後、一台目の観光バスはもう発車してしまったので、私は警察の監視のもとで、一人で夏慤道に立ってもう一台の車を待たなければならなかった。そのときになって、私はやっと、永遠に夏慤村――この無数の香港人が心を込めて作りだした都市のユートピアと別れようとしているのだということをはっきり意識した。悲しみ、たとえようもない悲しみに覆い尽くされる。私たちはただ夢を見ていただけなのか？　三か月の間に起こった一切は、最後は幻に終わるのか？

その後何週間も、私は再びここに戻ることはなかった。一二月二〇日の夜になって、私は訳あって、セントラルのフェリー乗り場から、タクシーで海を越えて家に帰っていた。乗ってまもなく、なんの心構えもないままに、私は再び金鐘に戻ってきて、告士打道（グローセスターロード）の高架を走っているのだと気づいた。すべては正常に戻っていた。しかし私は、この道路の上で、私たちがどんな自由と夢を抱いていたかを、はっきりと覚えている。そして私たちが、強制排除の前の数日、この道路の上で、「We'll be Back」と書かれたとても長い黄色い布を掲げていたことも覚えている。

私たちは忘れることができない。

護送車がゆっくりと金鐘夏愨道を発車したのは、すでに午後六時近かった。私は窓越しに外を眺めた。空は薄暗く、ネオンがつき始める。香港はもとのままだ。私たちが乗っているのは普通の観光バスで、俗にいう「ブタ箱車」ではなかった。私は最初に乗車して、最後列に座った。近くには韓連山、李柱銘、何俊仁〔元民主党主席〕、單仲楷〔民主党の立法会議員〕、李永達、葉建源〔教育者〕、楊森らが、前の方には梁家傑〔公民党創設メンバー〕、余若薇、毛孟静、何秀蘭〔立法会議員〕、劉慧卿〔当時・民主党の立法会議員〕、黎智英ら一群の民主派の政治家たちがいた。私は彼らとほとんど面識はなく、あまり交わる理由もなかったのだが、思いがけずこのような同じ車の囚人同士となったわけだ。

私たちは手錠をはめられていなかったので、携帯で家族や友人に無事を知らせることができた。発車する前、警察は私たちに、目的地は葵涌（クワイチョン）警察署であると告げた。後で知ったのだが、この日の二〇九名の不服従者は、葵涌、北角（ノースポイント）、長沙湾（チョンサーワン）、観糖（クントン）および屯門（テュンムン）警察署に分散収容された。葵涌がひと組目で、三台の車に別れ、全部で六〇人だった。車の中で、何俊仁が私たちに、警察署では何に気をつけたらよいか簡単に説明してくれた。彼は七月二日と九月二八日の二度捕まっていたので、経験があった。李柱銘は明らかに初めてで、この香港で最も経験豊富な弁護士も、逮捕についての知識は、私と大差ないようだった。

車が警察署に着くと、私たちは屋根付きの駐車場に臨時に建てられた勾留施設に入れられた。

駐車場は相当広く、密閉されていなかったので、遠くに見える出口から光が差し込んでいた。もっとも慰めとなったのは、はじめに捕まった学生たちと再会できたことである。少しの時間引き離されていただけなのに、再会がうれしかった。まもなく、三組目の逮捕者が送られてきたが、長毛〔梁国雄、社会民主連線〕やその他の民間団体の友人たちが含まれていた。警察は私たちを鉄柵で仕切って三組に分け、そのあと一連の人定登録、指紋採取、写真撮影と弁解録取など勾留手続きを始めた。

すべての過程で、警察は異常なほどていねいで、時に私は犯罪者ではなくお客さんではないのかと思わせるほどだった。しかし細かな点で、私はやはりそれは錯覚だと知った。トイレを例に挙げよう。私たちはまず挙手をして許可を得た後、やっと二人の警官に「付き添われて」行くことができる。私たちが行くのは警察署のトイレではなくて、留置場にある囚人用のトイレである。留置場は二階にあり、分厚い鉄の扉で外と仕切られている。左右に二列、真ん中の狭くて暗い通路を進む。それぞれの房には四つのコンクリートのベッドがあるが、上には何もない。トイレの入り口は簡便で、紙も蛇口もない。私たちが用足しをするときは、入り口を隔てている鉄の檻を警官が守っている。出たあと、私たちは別のところに連れて行かれて手を洗う。明け方の三時すぎになって、私が「保釈を蹴る」〔原文・踢保。条件付きの保釈を拒否し、無条件の釈放を勝ち取る戦術。オキュパイ行動の大量逮捕で功を奏した〕のに成功して警察から帰る準備をしていたとき、もう一度トイレに行きたくなった。彼は親切にも私に、外のを使いなさいと言った。接待所の、一般人用のものである。私は入ってみてすぐにわかった。これが自由人と犯罪人との差だ、と。

*

言うならば、これはふつうでもあり、ふつうでもない一夜だった。ふつうというのは、この夜の前もこの夜の後も、無数の犯罪者が同じ状況を経験しているに違いないからである。私たちの知る、もしくは知らないさまざまな原因によって、何らかの不合理な取り扱いを受けることは確かにない。ふつうでないというのは、香港の三人の弁護士会の前の主席、二人の香港特別行政区長官候補者、十数名の立法会議員と政党の指導者、この雨傘運動を指導した学聯と学民思潮の学生たち、さらにこの運動の最前線で大きな影響力を与えた一人の歌手が、同じ夜同じ部屋にともに囚われていたことである。確かにこれは、香港でかつてなかったことである。

これらの人びとはどうしてこの一歩を踏み出したのだろう？　彼らがしたことを、外側の人は理解できるのだろうか？　その夜、この平凡な私が彼らの中に座って、自分の少年時代にすでに香港の民主運動をリードしはじめていた先輩たち、そして多くの政治の領域を黙々と耕している若い友人たちを身近に見ていた。すでに一つの歴史がいまここにあるという切実な感覚があり、香港の未来の一部は自分にも責任があるという重みがあった。

少なからぬ香港人が、あらゆる政治従事者を政治屋と呼ぶことを好む。この呼び方は、往々にしてこのような態度が前提されている。およそ政治に携わるものは、必ず私利をなす、そして政治の本質は、必ず権力闘争という汚辱の地にあり、道徳のかけらもない、と。そうであるなら、私たちは政治から遠く離れなければならない。遠く離れるだけではなくて、それら公共の業務に積極的に参加するような人間には警戒心を持たなければいけない、なぜなら世間に公共心（public spirit）などというものはないのだから。政治は市場のようなもので、それぞれの参加者がやることすべては個人の利益を最大化するためのものである。違うのは、市場で争うのはカネだが、政治が争うのは権力であるということだけだ。本性から言えば、人の本音は自己利益である。「己のためになさない者には、天罰が下る」というのはまさしく名言である。

ここまでくると、政治道徳を否定するのをためらわない人は、実は私たちの生活する世界に対してさらに高い道徳的な要求をしているのではなくて、自分も徹底的な自己利益主義者であって、きわめてシニカルに政治に参加するあらゆる人を裁断しているだけである。少なからぬ「社会的名士」を含む香港の大人たちは、いつもこの種の「価値観」を若い世代に「身をもって教え」ているのだ。「政治」はついに一個の汚いことばとなり、「政治屋」はさらに人びとにさげすまれることになる。

だがこのような「価値観」は大きな分析力と説得力を持つだろうか？　私たちは注意して聞き

とってみるとよい。この雨傘運動の中で、若い世代が結局何を闘いとったのかを。若者たちは、香港には真の普通選挙が必要であり、それぞれの市民が平等な権利を享受して、誰が香港特別行政区長官になるかを決めさせろ、と言った。彼らは官と商の結託、貧困の連鎖、猫の額ほどの家のために青春の日々を費やすことを拒否した。彼らはさらに政府が廉潔公平であり、私たちの市民生活と政治的自由をきちんと護るように希望した。彼らは価値ニヒリズムでもなく、利己的でもなく、道徳的観点に立って私たちの街をより公正な、より人間らしく生きれるものに変えるよう要求しているのだ。彼らはそのように信じたからこそ、このように行動し、同時にそれら権力者たちが政治道徳についてよく考えるよう要求したのである。

こうした背景の下でのみ、私たちは彼らの義憤を理解することができ、彼らの感じたことがわかり、彼らのこの街に対する愛を会得できるのである。それが代表しているのは、確かにひとつの非妥協の精神だ。奴隷であることが必然、権力は公理で、搾取は公平であるとは信じたくない。彼らは雨傘を支えとして不公平な制度に挑戦しようと希望しただけではなく、長期にわたって香港人を支配してきた利己的でシニカルな心情に挑戦しようとしたのである。

*

私たちが政治の中で生きる以上、同時に政治に期待するところがあるなら、私たちは積極的に

香港の著名な民主運動のリーダー・梁國雄。人は彼を「長毛」と呼ぶ（2014年10月2日・金鐘オキュパイ地区）。

政治に参加する人に、政治屋とかごろつきというレッテルを軽々しく貼ったり、自分と無関係であるとか、訳知り顔のシニカルな態度で彼らを笑ってよい理由はない。理由は三つある。第一、こうした言い方は不公平である。近いところでいえば、あの晩私の近くに座っていた李柱銘先生と長毛である。彼らはほんとうに香港の民主運動に生涯心血を注いできた。長毛は警察署や監獄に何度入ったか知れず、この運動でもいさぎよく群衆の前に跪いた［九月二八日のオキュパイ突入に反対してその場を離れようとした群衆を、跪いて説得した］。李柱銘先生は尊敬される地位にあるが、七六歳という高齢になってもなお香港の未来のために従容として逮捕された。彼らが行ったすべてのことを、己の利益のためと見なすことは難しいのではないだろうか？　彼らに対して尊敬と感激の心を抱かないのは難しいのではないだろうか？

第二、政治の善し悪しは、私たち一人ひとりと私たちの次の世代に直接影響する。もし私たちがあらゆる政治従事者は皆悪い心を持っているとさっさと決めてしまって、あとは外側から騒ぎを冷笑しつつ見ているならば、政治には論ずべき是非などないと認めることに等しく、また「心理学の」自己充足的予言の方法で政治の崩壊を招くもので、一緒に努力して改善を図ろうとするものではない。

第三は最も重要な点であるが、私たちが利己的で虚無的な心理状態から世界を見るならば、私たちの目にはもはや善も正義も見いだせず、私たちの心はもはや愛を感じとることはできなくなるのだから、最後に腐敗するものは自らの魂である。私たちが生活する世界の本体は、けっして愛と正義が存在しないわけではなく、あるいは、少なくとも愛と正義の可能性がないわけではない。ただ私たちが自らこのような信念を放棄し、私たちの生命から愛と正義を失わせない限り。

にもかかわらず、それは私に、政治の裏側にはさまざまな権力闘争があることを否定させるものではない。事実上、権力闘争は政治に内在している。なぜなら政治とは必然的に権力と資源の分配に関わるものであるから。たとえば私たちが民主を追求するならば、政党政治を受け入れなければならない。政党政治を受け入れるならば、異なる政党が代表する異なる階層の利益を受け入れなければならず、同時に彼らが選挙を通じて権力を勝ち取るために、各種の策略をめぐらすことは免れず、はては困難な政治的選択をしなければならないということを、受け入れなければならない。そうであるから、私はなおさら、権力闘争は政治の最高の目的であるべきではないし、政治人の行動の最高の原則であるべきではないと考えるのだ。政治の最高の目的は、正義を追求することである。政治人が政治屋に堕落しないで政治家に上っていくための最も重要な基準は、まさに正義を行うか否かにある。

ウェーバー（Max Weber）はあるいは私の観点に同意しないかもしれない。彼は政治を職業としておこなう政治家が、必ず具えておかなければならない三つの素質として、情熱、責任感と判断力を考えた。だが正義の追求をその中に入れなかったのは、「何を正義というか」という客観的基準がないばかりか、彼のいう「心情倫理」が「責任倫理」をおろそかにしてしまいやすいからである。簡単に言うと、道徳的な理想を堅持するために、政治の現実を顧みないことになりかねないということである。私はここで詳しくウェーバーに応答することはできないが、まさしくウェーバー自身の言は、政治実践の最高の境界は、二つの倫理観の相互対立ではなく相互補完であるというものである[11]。今回の雨傘運動で人心を最も揺り動かしたところのものは、まさしく私たちが見た新しい世代の青年が、既存の心情を堅持しつつ責任をも引き受け、めまぐるしい事態の変化と、強者と弱者の力の差という政治的現実の中で二つの政治倫理を協調させようと努力したところにあったのではないか。これこそ真の意味での政治的成熟である。

*

読者は、長い夜、警察からの各種の指示や要求を受ける以外に、私たちの一群が中で結局何をしていたのかということに興味を持つかもしれない。携帯を使ってネットにつなぐことは許されず、私たちはただふたつのことができただけだった。目を閉じて休息するかおしゃべりするか。私は疲れてはいなかったので、ほとんどの時間を何俊仁先生と楊森先生と話をしていた。何の？政治哲学の。これは思いがけないことだった。二人の先輩は気さくで話し好きだった。私はロールズ（John Rawls）の正義論から、ドゥオーキン（Ronald Dworkin）の法哲学、ハイエク（Friedrich Hayek）の『隷従への道』とポパー（Karl Popper）の『開かれた社会とその敵』、さらにはマルクーゼ（Herbert Marcuse）の『一次元的人間』、フランクフルト学派の文化批判や現代中国知識界などまで話は広がった。警察による取り調べと手続き処理のための呼び出しが随時なされる環境で、討論は断続的であったが、このような哲学的交流はやはりとても楽しいものであり、あとで警察署を離れる時には、私と楊先生とは、思わず抱き合って別れを告げたほどだった。

私はあとで、当日警察署で政治哲学を論じていたのは、私たちだけではなく、私のひとりの学生もいたということを知った。彼はマックス、一〇月以来金鐘に泊まり込んでいた。彼はもともと私たちと一緒に座って逮捕されるつもりだったが、昼に食事に出て戻ると、思いがけず警察がオキュパイ地区のあらゆる出入り口を封鎖してしまっていて再び入ることができなかった。彼は何度も迷ったあげく、自ら湾仔(ワンチャイ)の警察総部に赴いて自首した。そこで「罪状」を自白するなかで、彼は市民的不服従の理念を理路整然と警察に向かって自白したのである。事後の回想によれば、警察官は興味深そうに聞いていたそうである。彼は湾仔の警察を出ると、すぐに葵涌警察署の正面に来て、一晩私を待っていた。

同様の選択をした者に、私が初めて知った劉志雄牧師がいる。彼は七月二日のオキュパイの予行演習で逮捕されたことがあった。このときも同じように昼間、外に出ていて戻ってくることができず、最終的にやはり自首して意思表示することに決めた。彼の述べたところによれば、「一一時頃、メディアのフラッシュもなく、一人ぼっちの私は、葵涌警察署に入って自首した。結果は、私の番号は五九、五八が長毛だった」。劉牧師やマックスのような人たちが、どれほど多大な道徳的勇気を必要としたのか、そしてその勇気がどれほどのこの街への愛によって支えられていたのか、私は今もあまりよく理解できてはいない。けれど私は彼らを理解しなければならない、でなければそうする責任があるということを知っている。

*

ほぼ一二時頃になって、警察は私たちに保釈のサインをせよ、保釈金を払う必要はないが、一月に警察に来て報告しなければならないと告げた。学生と社会運動団体の友人たちは、次々と帰り始めた。何芝君、何韻詩、何俊仁と私で相談したあと、残っていた人たちに集団で「保釈を蹴る」ことを提案した。警察に無条件で釈放するのか（ただし事後の起訴権は留保される）、さもなければ正式に起訴せよと迫るのである。私たちは「保釈を蹴る」ことは、たとえばいつでも十何時間もの勾留を受けるリスクはあるが、これも一種の政治的抗議であると考えていた。私たちは一緒に入ったからには、一緒に出なければならない、まとまった団結精神を表明することに同意した。

続いて数時間がたった、私たちは一人ひとり警官に単独で呼ばれ、サインしてここを離れたいと思わないのかと尋問された。「そうしたいと思わない」。この過程で、私は何韻詩の、状況を非常に勇敢に受け入れる側面をこの目で見た。彼女は後にFacebookにこのことを詳しく書いた。ここに引用することを許してほしい。

順番は私が学生の後の最初だった。私を呼び出した警察官は、ほとんど私を、遠慮も礼儀もいらないただの無知な歌うたいであると見ていたので、彼らが私を「保釈に同意〔原文・続保〕」させようとしたとき、私がそれを受け入れないとは思ってもみなかったようだ。その名も威武という警察官はしばらく呆気にとられていたけれど、我に返ると再び威儀を正し

排除の日、座り込む著名な歌手、何韻詩。罪を恐れて芸能人で公然と雨傘運動を支持する者は少なかったが、何韻詩は彼女の師匠・梅艷芳（アニタ・ムイ、天安門の民主化運動を支持した）のように節を守った（2014年12月11日・金鐘オキュパイ地区）。

てこう言った。「よかろう。では彼女の釈放については最後だ」。結果、すべての人が保釈を受け入れないことで一致した。警察は、これらの人びとを再び勾留しても彼らにとって何も良いことはないと知っていたので、まもなく私も呼び出され、同じ担当警察官から無条件釈放の用紙を渡された。警察は屈服したのだ。私はみんなを待って一緒にここを離れると言ったが、彼らは拒絶し、直ちにサインしろと求めた。私が弁護士に意見を聞くことを要求すると、警察官は再び不満をあらわにした。弁護士に会った後で、彼らは私ひとりだけ他の人から離れた別の区域に移動させた。おそらく私への「懲罰」なのだろう。悪いけど、お門違い。誰におびえているの？　みんなは次々に帰り、結果的に私は葵涌警察署の六一名の逮捕者のうちで、最後の釈放者になった。

明け方三時半になって、警察は私に、身の回りのものを持って帰っていいと言った。私は立ち上がると、一夜を過ごした勾留施設を離れ、接待所で他の友人たちを待ち、そのあと一緒に警察を出た。出てから私が最初に目にしたのは、寒風の中で私を待ってまるまる一晩を過ごした一〇数名の学生と友人たち。その中には杜婷、小珊、黎恩灝、張秀賢、ベニー、ジョエル、ジョン、マックスとスティーブら、また私より何時間か早く出てきたナポ［黄永志］とイーソン［鍾耀華］もいた。師生の情誼、山高く水長し。ありがとう、君たち。

原註

（1）Jean-Jacques Rousseau, *The Social Contract and the Discourses,* trans. G. D. H. Cole(London, Everyman's Library, 1993), p.184.

（2）鄭煒、袁瑋熙「後雨傘運動：告別政治冷感的年代」『明報』（二〇一四年一一月二九日）。

（3）Christine Korsgaard, *The Sources of Normatively*(Cambridge: Cambridge University Press, 1996).

（4）鍾玲玲『愛蓮説』（香港：天地図書、一九九一）。

（5）"The loves that may hurt the least are not the best loves. When we love, we accept the dangers of injury and loss." John Rawls, *A Theory of Justice*(Cambridge, Mass.: Harvard University Press, revised edition, 1999), p. 502.

（6）〈「香港民意與政治發展」調査結果〉、香港中文大學傳播與民意調査中心の責任により、二〇一四年一二月一八日発表。詳しくは http://www.com.cuhk.edu.hk/ccpos/images/news/TaskForce_PressRelease_141218_Chinese.pdf.

（7）Martin Luther King, Jr., "Letter from Birmingham City Jail," in *Civil Disobedience in Focus,* ed. Hugo Adam Bedau(London & New York: Routledge, 1991), p. 73.

（8）Rawls, *A Theory of Justice,* p. 339.

（9）Henry David Thoreau, "Civil Disobedience," in *Civil Disobedience in Focus,* pp. 28-48.

（10）私がここで論じられなかったことは、民主的道徳の重要性および全国人民代表大会常務委員会決議がどれほど普及と平等の公平な選挙の精神に反しているかということである。だがこの点についての議論は少なくはない。本書［周保松『政治的道徳：從自由主義的觀點看』］二七章「個人自主與民主實踐」参照。

（11）韋伯（錢永祥編譯）『學術與政治』（台北：遠流、一九九一）、二三七頁。

（原載・周保松『政治的道徳：從自由主義的觀點看（增訂版）』中文大學出版社、二〇一五年）

［新孝一・訳］

雨傘運動をめぐる多様な思想
――香港の「自分探し」の旅――

倉田徹

はじめに

「雨傘運動」は、「セントラル占拠行動（占領中環）」から派生した運動である。仮に「真の普通選挙」が実現しない場合、香港島の中心部であるセントラル地区公道での座り込みを行い、香港の政治・経済を麻痺させて政府に強い圧力をかけるとの構想は、二〇一三年から学者によって提唱され、時間をかけて計画されてきたものであった。運動の背景には、「市民的不服従」や、「世界標準」の普通選挙といった、明確な理念が存在し、運動決行までの一年あまりの時間には、提唱者の戴耀廷香港大学副教授らの言論による啓蒙活動と、その実践としての「民間住民投票」などが実施された。

実際には、運動は学生が加わったことで想定外の展開となった。規模が膨張して車道にはみ出した学生の集会に対し、二〇一四年九月二八日に警察が催涙弾を発射し、それが生み出した混乱の中で、複数の場所の道路が占拠された。運動は静かな座り込みではなく、バリケードを組んで立てこもる形となった。しかし、催涙ガスから手持ちの傘で身を守ろうとするデモ参加者の姿から雨傘運動と名がついたこの運動は、形式こそ大きく変わったものの、「メイン・ステージ（大台）」にセントラル占拠行動の提唱者たちと学生リーダーが存在し、「和平・理性・非暴力」を主張する、セントラル占拠行動の理念を継承したものであった。

しかし、雨傘運動の「メイン・ステージ」のやり方・考え方は、時間が経つにつれ、運動を支持しない者はもちろんのこと、運動の参加者も含むさまざまな方面から大いに批判された。雨傘運動の一つの特徴は分裂の発生である。特に、「メイン・ステージ」が存在する政府庁舎前の金鐘（アドミラルティ）地区と、九龍半島の盛り場である旺角（モンコック）地区運動参加者の間には、大きな価値観の相違と対立が見られた。運動の分裂は、運動の呼称だけを見ても明らかである。当初、西側メディアがつけた運動の名称は「雨傘革命（Umbrella Revolution）」であった。やがて、政権打倒の意思はないとの参加者の意向を反映して、「雨傘運動（Umbrella Movement）」が多用されるようになる。

しかし、特に旺角の参加者の一部は、「革命」を引き続き用いることを主張した。そして、運動の背後の中国中央政府は、運動を「非法佔中（違法なセントラル占拠）」と呼ぶよう「公式」に「規定」した。

雨傘運動の全体像を理解するためには、本書で紹介されている周保松などのリベラルな知識人が提唱した「主流」の思想だけでなく、雨傘運動前後に発生したさまざまな思想・主張を理解する必要がある。その際のキーワードは「本土意識」である。香港への愛着や、香港人優先を主張するさまざまな思想が、運動の前後に現れた。それらは包括して「本土思潮」と称されたが、本土思潮の中にも大いに多様性があった。その多様性は、そもそも香港とは何かという、香港像の多様性に根ざしたものであったと筆者は考える。

本稿では、まず民主化運動として始まったセントラル占拠行動と雨傘運動の発生に到った経緯の概略を説明した上で、雨傘運動の「メイン・ステージ」が批判を受け、失速することになった理由を検討する。続いて、こうした主流の思想を批判し、或いは修正して登場した新しい思想を比較し、それぞれが描く香港像を検討する。最後に、こうした新しい思想に対抗する形で中国大陸の側から主張される香港像と、中央政府の政策を見る。

1　民主化運動の高揚と挫折

1　香港の民主化

一九八〇年代にイギリスによって開始された香港の民主化は、中国の反対によって複雑な紆余曲折をたどった。イギリスは一九九七年の返還までに民主化を完成させることはできなかったが、中国に一九九七年以降民主化を継続させることを認めさせた。具体的には、香港基本法に、政府トップの行政長官と、議会である立法会を、最終的には全面普通選挙化するとの目標が明記された。返還後の民主化運動は、この普通選挙の方法と実現時期をめぐる論争として展開された。

民主化推進を要求してきた民主派勢力の主流は、一九七〇年代の学生運動・社会運動に参加した者たちであった。一九八四年に中英共同声明が調印され、将来の「香港人による香港統治（港人治港）」が約束され、イギリスが一九八五年に立法評議会（返還前の議会）での間接選挙を始めるなど、政治参加の空間拡大の動きに刺激され、彼らはさまざまな政治団体を設立した。

一九八九年の天安門事件は、返還後に到る民主化問題の構図を規定するものとなった。北京の学生を大規模に支援した民主派にとって、血の弾圧は大きな挫折であった一方、民主化運動の二か月弱の間、民主派は各種のデモや集会に数十万人から百万人規模とも言われる市民を動員することに成功し、運動の過程で勢力の凝集と組織化を進めた。民主派は香港初の本格的な政党と称される「香港民主同盟」を一九九〇年に設立し、後に「民主党」に発展した。民主派は、一九九一年に導入された立法評議会の普通選挙枠で、地滑り的勝利を収めた。

中央政府は、「外国勢力」の支援も受けながら北京の学生を支持した民主派を、共産党政権の転覆を謀る勢力と見て強く警戒した。北京の指導者たちは、天安門事件後、民主派を非難する発言を繰り返し、返還後に民主派は取り締まられるとも危惧された。しかし、民主派政党の活動、政府批判の発言、天安門事件追悼集会の開催などは、いずれも返還後も継続され、彼らの政治的自由は維持された。「世界に例のない実験」にして、台湾統一のモデルとされた「一国二制度」の成功をアピールするため、北京は民主派を存続させたと考えられる。

他方、一般市民の強い支持を受け、普通選挙に強い民主派に対抗するために、中央政府は財界人や共産党シンパの左派といった親政府派の政党を育成して、親政府派に有利な制限選挙で選ばれる立法会の職能別選挙枠と行政長官選挙委員会において、多数の議席を取らせた。これによって、政府トップ及び議会の過半数は、常に親政府派が占める状態が維持された。

以上を要約すると、中央政府は香港の将来の普通選挙化を約束しているが、元々反共的な土壌に加え、天安門事件への怒りが加わった香港では、全面普通選挙化は、中央政府に対して敵対的な民主派の勢力伸長や、場合によっては香港政府の最高責任者までを民主派に与える結果をもたらす可能性があった。この条件の下で、民主派と中央政府の両者のせめぎ合いが展開されたというのが、香港民主化問題の基本構図であった。

返還後最初に民主化運動が高揚したのは、二〇〇三年から二〇〇四年にかけてであったと言えよう。二〇〇三年七月一日、謎の新型肺炎ＳＡＲＳの流行で経済が大いに低迷する中で、当時拙速に審議が進められていた「国家安全条例」が批判を集め、民主派が組織した反対デモが五〇万人規模の巨大なものとなり、条例は結果的に棚上げから廃案に追い込まれた。勢いづいた民主派は、直近の二〇〇七年行政長官選挙・二〇〇八年立法会議員選挙を普通選挙化する運動を展開した。しかし中央政府は二〇〇四年四月、基本法の「解釈」という方法により、民主化の可否を決定する権限は北京にあると事実上決定した上で、二〇〇七年・二〇〇八年普通選挙化は認めないとの決定を下した。

その後、中央政府の香港経済支援策による景気回復や、二〇〇八年の四川大地震・北京五輪などに伴う愛国心の高揚により、香港市民の北京に対する感情が大きく改善された。その情勢の下で、中央政府は二〇一七年の行政長官普通選挙化を可とする決定を、二〇〇七年一二月に下した。民主党はこれを評価して、二〇一二年の小幅な民主化で中央政府と妥協するなど、両者間の関係改善が進んだ(1)。

しかし、二〇一七年選挙について、候補者指名という問題が浮上した。基本法の規定では、行政長官普通選挙の候補者は、事前に「指名委員会」で指名されることが必要とされていた。やがて、中央政府・香港政府が、親政府派が多数を占める指名委員会で事前に候補者を政治審査して、民主派を普通選挙から排除することが構想されているとの疑念が民主派の間で強まった。民主派の要求は、「早期普通選挙化」から、事前の政治審査を伴う「ニセ普通選挙」ではない、誰もが立候補できる「真の普通選挙」の実現へと転化していった。

「ニセ普通選挙」に対抗する民主派の論理は「世界標準」であった。国連人権B規約第二五条には、「すべての市民はいかなる差別もなく、不合理な制限なしに、普通かつ平等の選挙権に基づき行われる真正な定期的選挙において、投票し及び選挙される権利及び機会を有する」とあり、投票権が平等な普通選挙であることだけでなく、被選挙権も平等であるべきとの主張が掲げられている。民主派はこれを引き、「普通選挙の定義は国際規約ではなく中央政府が行う」とする中央政府寄りの人物の発言を批判した。

2 「セントラル占拠行動」の思想的背景

こうした「世界標準」の論理で組み立てられた中央政府に対する抗議活動が、雨傘運動の前身ともいうべきセントラル占拠行動であった。運動を最初に提案した香港大学の憲法学者・戴耀廷は、二〇一三年一月一六日の『信報』紙で、大規模デモなどの従来型の抗議活動よりも「殺傷力の大きい武器」として、デモ隊によって不法にセントラル地区の主要道路を長期的に占拠し、香港の政治経済の中心を麻痺させて、北京に立場を変えることを迫ることを提案した。

セントラル占拠行動は、第一に、運動の着想にニューヨークから世界に広がった「ウォール街占拠行動」など、海外の事例が強く影響していること、第二に、運動が学者やキリスト教の牧師といった西洋思想の強い影響下にある人物によって組織されたこと、第三に、運動の理念と方法が「市民的不服従（Civil Disobedience：公民抗命）」という、かつてガンディーやキング牧師によって実践された方法を主張したという点で、「世界標準」を強く意識したものであった。

それ以来、戴耀廷らが行ったのは、言論や集会による香港市民に対する啓蒙活動であった。二〇一三年三月二七日、戴耀廷らセントラル占拠行動発起人三名は行動の「マニフェスト（信念書）」を発表した。彼らは、二〇一七年の行政長官普通選挙実現のためには市民の覚醒が必要で、自分たちは伝道者のようにさまざまな人々と対話し、民主的な普通選挙や公平・公義といった普遍的価値を、香港人に知らしめると宣言した。運動の基本理念は、①香港の選挙制度は、必ず国際社会の普通かつ平等な選挙の条件、即ち、全ての市民が等しい票数・等しい一票の価値を持ち、市民の選挙への参加が不合理な制限を受けない権利を満たさなければならない、②民主的手続きを通じて香港の選挙制度の具体的な方法を決めるべきであり、その過程では討議と民意の付託がなされる必要がある、③香港の普通選挙実現のために採用する市民的不服従の行動は、違法ではあっても、絶対に非暴力でなければならない、の三つであり、これらに賛同する者は誰でも運動に参加できるとされた[2]。

運動は四つの手続きを踏んだ。第一段階は「誓約書の署名」である。運動に参加する者は、理念への同意を誓約した上で、道路占拠という違法行為に荷担することへの同意や、逮捕された場合に自首するか、法廷で争うかなどについての意思を表示した書類を提出する[3]。その後、第二段階として、ハーバーマスの「熟議民主主義」の理論を応用した「討論日」を三回開催した。市民から幅広く募集した「世界標準」に合う行政長官普通選挙の方法案が検討され、それらの中から三回目の討論日に参加した者が投票で三つの選挙方法案を選んだ。第三段階として、全香港市民に投票権がある「民間住民投票」で、三案のうち一つをセントラル占拠行動が提案する普通選挙方法案として選出した。最終的には投票には七九万人が参加し、主要な民主派政党・組織の連合体である「真普選連盟（Alliance for True Democracy）」が提案した、一定数の市民の署名や、主要政党の推薦があれば、「指名委員会」の指名なしでも立候補できる案が選ばれた。

この三段階で選ばれた案がもし中央政府に無視された場合、「セントラル占拠行動」は四段階目の最終手段として道路占拠に訴えると、一年以上にわたって警告を続けていたのである。ここまでの長い道のりでは、学術的な意味において「世界標準」の方法での活動が用意されていた。

3　雨傘運動の発生と運動への批判

中央政府はセントラル占拠行動を強く非難し、妥協しない姿勢を示し続けた。二〇一四年八月三一日、北京の全人代常務委員会は、二〇一七年の行政長官普通選挙において、財界人中心の指名委員会を設置し、その過半数の指名を受けた二〜三名にのみ立候補を認めると決定した。これは、民主派の出馬の可能性をほぼ完全に閉じる、極めて保守的な方法であった。候補者を共産党が事前に選別してから「普通選挙」を行うという方法は、大陸で人民代表を選ぶ際に幅広く採用されているものであり、香港の民主化の「中国化」であった。

この「八・三一決定」発表を受け、セントラル占拠行動は道路占拠を発動すると宣言した。しかし、実際の展開は計画とは大きく異なる形になった。セントラル占拠行動とは別に、大学生と高校生の団体も「八・三一決定」に対する抗議活動を展開し、香港島の金鐘地区にある政府本庁舎前の路上で集会をしていた。ここに、学生を支援しようと群衆が詰めかけ、車道にあふれ出したため、九月二八日、警察は催涙弾を使用して排除を開始した。しかし、これはますます市民の怒りを買って群衆は拡大し、ついに警察は排除を断念した。こうして、偶発的に長期の道路占拠が開始されたのである。

セントラルを占拠しなかったセントラル占拠行動は、催涙弾に傘で耐える人々の姿から、欧米メディアに「雨傘革命」と名付けられた。やがて、この運動は革命ではないとの主張から、参加者の間では「雨傘運動」の名称がより一般的となった。しかし、セントラル占拠行動からは大きく逸脱したこの雨傘運動も、セントラル占拠行動が信奉した「世界標準」への意識を持ち続けた。第一に、市民的不服従の思想に基づく非暴力へのこだわりである。運動参加者は時々警察と衝突したが、雨傘で身を守る防戦を基本とし、放火・略奪などの行為に及ぶことはなかった。このため、長期に及んだ運動でも死者は出なかった。第二に、インターネット・通信手段の活用である。運動参加者たちはＳＮＳや携帯電話など、最新の通信手段で運動参加者の相互連絡を取り合うと同時に、運動を世界に広く知らしめた。中国大陸ではYouTube、Facebook、Twitterなどは事実上使用不可能であり、このような「世界標準」の運動は起こせない。第三に、国際社会への幅広いアピールの意識である。占拠された地区には、運動発生当初から世界のメディアのカメラが並び、運動参加者の主張も、広東語のほか英語や日本語などの各国語を大いに用いて発信された。結果として、雨傘運動は『タイム』アジア版の表紙を二週連続で飾るなど、世界の関心を集めることに成功したのである。(4)

しかし、雨傘運動の中心的存在となった、セントラル占拠行動の発起人たちや学生団体の指導者は、運動の長期化の中で統率力を失っていった。そもそも偶発的に発生したこの運動は、自発的な市民の参加を得て急速に拡大したものであり、セントラル占拠行動の当初計画と異なり、参加者が統一的な理念に賛同して計画的に組織されたものではない。運動の「メイン・ステージ」に立つ者たちに対し、参加者の中からやがてさまざまな批判や異論が提起されたのは、ある意味自然なことであった。

運動は七九日間の長期にわたり展開されたにも関わらず、「真の普通選挙」という目標の実現に失敗した。中央政府は要求を完全に無視した。北京に直訴に向かおうとする学生指導者にはビザが下りず、北京行きの飛行機への搭乗を拒まれた。天安門事件以来の民主派の活動であれ、セントラル占拠行動であれ、雨傘運動であれ、いずれもその発想は、北京に何らかの圧力をかけるか、北京と交渉を行って、香港の民主化を推進するというものであった。実際、すでに二〇〇四年の基本法解釈によって、香港で民主化を実施するか否かの決定権は北京が掌握しており、民主派の側には民主化に関する提案を実現する権力も実力もなかったのであるから、その方法は合理的なものとも言えた。しかし、北京が交渉に応じなければ、この戦略は意味をなさないということが、雨傘運動を通じて誰の目にも明らかになった。「八・三一決定」を下し、「真の普通選挙」を北京が拒み、そして雨傘運動が無視された時点で、民主派が四半世紀にわたって理想としてきた「民主回帰」、即ち香港が民主化を実現し、民主的な体制を持って祖国に復帰するという構想は明らかに挫折したのである。この挫折の責任を、一部の雨傘運動参加者たちは、「メイン・ステージ」の無能に帰したのである。

雨傘運動の「メイン・ステージ」に向けられた非難の言葉の一つが「左膠」であった。「凝り固まった左翼」の意である。ここでの「左翼」は「共産党支持者」という意味ではない。香港では伝統的に、共産党支持者は「左派」と呼ばれてきた。しかし、中国が改革・開放以後、資本主義へと転回し、共産党政権が財界と近づき、かつ愛国心を強調するナショナリストの色合いを強めると、左派はそれに追随し、むしろ右翼的な存在となった。弱者の権利擁護を主張したり、環境保護や開発主義への反対を訴えたりするのは、左派と対立する民主派の側であった。民主派は「左翼21」などの団体を相次いで設立した。この「左翼」は、したがって、共産主義のイデオロギーではなく、「リベラリズム」に近い概念である。「和平・理性・非暴力」の略である「和理非」(或いは「非粗口」=「汚い言葉を使わない」を加えた「和理非非」)を旨とし、寛容さを強調する「左翼」的な姿勢は、政府に譲歩を迫ることに失敗したことから、生ぬるいと批判された。

もう一つの非難の言葉は「離地」であった。文字通り「地を離れている」、一般大衆の価値観からかけ離れているとの意味である。難解な概念を用いて、大所高所から偉そうに説教するエリートは、住宅難や格差に苦しみ、大陸からの大量の観光客を憎む庶民の感覚を理解できなかった。大学教授や学生など、中産階級のエリートが主導し、「啓蒙」する価値観は、日常生活への不満から運動に参加した者たちにとって、実感のないものであった。そして、「世界標準」は、裏を返せば香港の独自性を脱色する論理でもあり、まさに香港という土地を離れた「離地」の極致の価値観であった。セントラル占拠行動と雨傘運動の「メイン・ステージ」が体現する価値観は、欧米メディアの視線を釘付けにした一方で、真の意味において幅広い香港市民の心をつかむことはできなかった。

2　新しい香港像、新しい思想

1　「本土思潮」の展開

「離地」な価値観は、なぜ香港で受け入れられなかったのか。それは、雨傘運動前後の香港において、「中国化」の進展という刺激の下で、香港の独自性や主体性の尊重を訴える、「本土思潮」といわれる思想の流行が、すでに起きていたからである。

一九九七年の中国への返還、その直後に襲ったアジア通貨危機での経済的大挫折と自信の喪失、そしてそれに続く中国大陸との「経済融合」による景気回復と、それと裏腹の香港の「中

図１　香港人意識の変遷

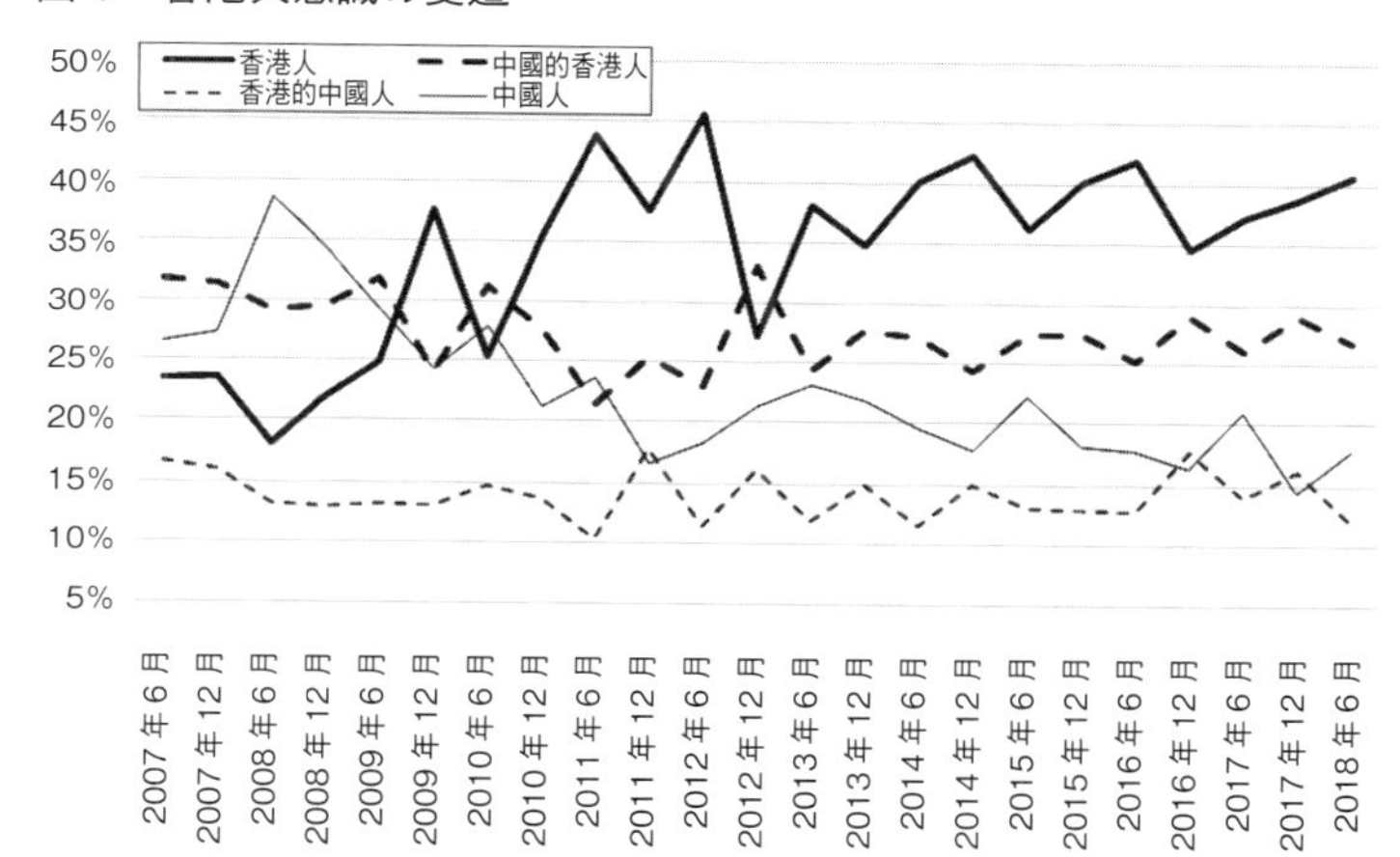

出所：香港大學民意研究計劃ウェブサイトを一部加工
（http://hkupop.hku.hk/chinese/popexpress/ethnic/eidentity/poll/datatables.html、2018年10月13日閲覧）。

国化」といった現象の中で、中国大陸よりも裕福で、洗練された都会人であるという自尊心に裏打ちされた香港人意識を抱く香港市民の多くは、アイデンティティ・クライシスに直面した。しかし、香港人意識は、むしろ危機の中で成長した。図1は、香港大学民意研究プロジェクトによる、自分を中国人・香港の中国人・中国の香港人・香港人のいずれと称するかとの世論調査の結果である。四川大地震・北京五輪という、中国人のナショナリズムを刺激するイベントが続いた二〇〇八年には「中国人」が優勢であったが、二〇一三年以降は安定して「香港人」が主流であり続けている。

しかし、「本土思潮」と総称される思想・主張にも、かなり幅広い多義性・多様性・

変化が存在した。そもそも「本土」という用語自体、元々は現在の意味での「本土派」とは異なる人々の語彙であった。陳智傑によれば、香港紙の記事に「本土」という語が登場する頻度は、二〇〇〇年頃から最初のピークを迎えるが、二〇〇〇年から二〇〇三年頃の「本土」は「本土経済」という形で、政府関係者や親政府派によって多く語られていた。アジア通貨危機が招いた不況の下で、香港内部での消費や就業機会を増加させるための手段として、地元の経済活性化が議論されていたのである。後に二〇〇六年になると、スターフェリーの埠頭取り壊し反対運動などが発生し、「本土保育（文物・環境保護の意）」が突如浮上する。そして、二〇一四年以降に高潮を迎えた新たな「本土思潮」は、むしろ「本土保育」論者を「離地」や「左膠」と非難するような立場の、香港優先論が主である。(5) 即ち、「本土」は、当初政府や経済界の用語として、失業対策の屋台や自営業などの小さな商売の振興を意図した文脈で使われていたものが、後に歴史的建築の保護や地元の農業の振興などのリベラル的価値観の用語になり、そして香港の利益を守ることを強調する議論の用語へと、わずか一〇年余りの間に、含意するところは大きく変化したのである。

2 中華としての香港

しかし、こうした近年の香港優先主義者による「本土思潮」に限っても、その内部には多様性もあり、対立も起こしている。そういった多様性は、そもそも優先されるべき「香港」とはどのようなものであり、どこに香港の優越性があるのかといった点への、異なる見解から生じていた。

陳雲の「香港城邦（都市国家）論」は、本土思潮の一つの起源と目されている。陳雲は一九六一年生まれ、ドイツで民俗学の学位を取った後、嶺南大学で助理教授を務めていた。文化や政治に関する評論活動にも従事し、二〇一一年に『香港城邦論』を出版した[6]。

その主張は、民主派に対する批判から始まる。民主派には、香港の民主化の実現のためには中国の民主化が必要と考える者が多いが、この戦略は結局、中共のやり方をまねて自身が腐敗するだけであると陳雲は批判する。

陳雲が例示するのが二〇一〇年の民主党の行動であった。先述の通り、民主派は二〇一二年の小幅な民主化実施で中央政府と妥協しており、その過程では、民主党幹部が北京の出先機関である中央政府駐香港連絡弁公室（中連弁）に出向き、直接交渉にも臨んでいる。当時の香港社会全体から見れば、この動きを肯定的に評価する者は少なくなかった。民主党の元老である教師の司徒華は、これによって民主党の支持率は上昇しており、市民は現実的・理性的な交渉の路線を歓迎したとしている[7]。しかし他方で、この件は民主党が密室での取引によって共産党に取り込まれたものと、一部で強く批判された。

天安門事件で結集した民主党などの主流民主派は、彼らの連合組織が「香港市民支援愛国民主運動連合会（支連会）」との名称であったことからも分かるように、根本的には愛国者であった。彼らは共産党政権のあり方には批判的であった一方、歴史問題や尖閣諸島問題などで日本を非難する活動も積極的に行い、中国の民主化のために香港は努力する義務があると考えていた。天安門事件以前は、返還を支持する親中派として、北京から基本法起草委員会にも招かれていた司徒華は、民主的中国を建設することが、一九四〇年代以来の自分の一生の目標であるとも述べていた。[8] しかし、陳雲は、香港の運命を民主中国に託すのは極めて難しいことであり、結局中共が香港を蚕食するのを放置することになる、また、仮に民主中国が実現しても、それが現在よりももっと悪質な存在であれば、香港にさらに大きな害があるとして、この目標を否定する。

一方、当時民主党を批判した急進民主派勢力は、徹底した反共を強調した。彼らは支連会が主催する天安門事件追悼集会を批判し、二〇一四年には「打倒共産党」を叫ぶ集会を、支連会の集会と同じ時間帯を選んで別の場所で開催した。しかし、一見するとより急進的に見えるこの活動は、現実政治においては意図した効果を生むものではなかった。民主党を批判する急進派は「狙撃」と称して、選挙において民主党の候補者に対する「刺客」を擁立した。しかし、特に小選挙区制の区議会議員選挙では、これは明らかに、民主派の共倒れによって親政府派の当選可能性を高める利敵行為であり、急進派は「民建連（左派の最大政党）Bチーム」と非難された。また、香港での数千人規模の集会で「打倒共産党」を叫んだところで当然それが実現するわけもなく、このような態度は「念力抗共」とも揶揄された。こうした「打倒共産党」論とも陳雲は一線を画す。陳雲は、中共の香港への影響を拒絶さえできれば（「拒共」）十分であり、香港を守り香港の未来を建設するのが香港人にとって最も重要と述べる。陳雲の台詞によれば、「香港本位、香港優先、香港第一、Forget China. Hong Kong comes first」との主張である。[9]

ただ、陳雲は中国文化を否定する議論をしてはいない。むしろ陳雲は、香港の優越性を中国文化の継承に見る。即ち、もともとの香港住民は南宋以来の前王朝の遺民であり、後には反清復明の動きにも関与した中華の正統である、他方、中国共産党は外来の共産主義イデオロギーを信奉する、中華の正統に合わない政権であると論じる。つまり、陳雲から見て、香港の優越性は、伝統文化が共産党による破壊を免れ、「中国以上に中国である」ことにある。また、香港は民族（nation）ではないが、ギリシャのポリスのような都市国家（city-state、「城邦」）であることは疑いなく、共産党政権は香港に依存しており、香港の維持のために「一国二制度」を提起せざるを得なかったのであるという香港優越論を説く。

3　中華の外の存在としての香港

これに対し、学生団体は香港が中華の外にあることを強調し、「香港民族」という議論を行った。

香港大学学生会機関誌『學苑』は、二〇一四年二月号で「香港民族・命運自決」と題する特集を組み、それを発展させて二〇一四年九月に『香港民族論』を出版した[10]。

同書は九人の学生および学者による論文集となっている。序章において学生会幹部の梁継平は、香港は「nation without state」、即ち、共同の歴史と明確な領土を持ちながら、自分の国家を持たず、その政治的前途を自決したいと渇望している集団であると論じ、香港人は独特の歴史・文化・アイデンティティを持ち、特定の範囲で自治を実践したいとしている民族として、尊重されるべきであると述べる。同様に王俊杰は、「香港民族」は、血族を紐帯とする人種民族主義ではなく、価値観を強調する公民民族主義であると主張し、その価値観とは「自由と民主、相互につながりたい願望」であり、香港という境界・歴史・文化と「強権政治を逃れ自由を追求する」共同の心理で作られていると述べる。

香港人意識は、「香港人でもあり、中国人でもある」というような形で、二重アイデンティティとして出現する場合が多いと論じられてきた。香港市民の圧倒的多数が「華人」であるからである。したがって、本書が「香港民族」という語を使用したことは極めて衝撃的・挑戦的であった。しかし、否定しようのない中国文化の香港に対する色濃い影響という事実を前に、いかにして香港を「民族」と主張するのか。本書が採用したのは、香港の「中華の外」としての歴史の強調という方法であった。例えば、本書の著者の一人である徐承恩は、これまでの香港史が、宋から元にかけて移住してきた「新界五大氏族」と客家という大陸エスニック・グループの歴史を語ってきた一方、海洋エスニック・グループである福佬や蜑家（水上生活者）などへの言及が少なかったと指摘する。徐承恩は、一八四二年の南京条約での香港島割譲から一八九八年の新界租借条約までの間は香港に含まれなかった新界の大陸エスニック・グループよりも、香港の開港当初からイギリス人と共生してきた海洋エスニック・グループのほうが、むしろ香港の前史にふさわしい存在であると論じる。科挙による上昇と無縁な「化外の民」ともされ、イギリスとの商業的つながりで地位を築いていった福佬や蜑家に、香港市民のルーツを見るのである[11]。この点では香港を「華夏正統」と考える陳雲とは大きく異なっている。

3　北京の対応

1　「中国の香港」論

これらの香港論は、いずれも香港人が描いた香港の自画像や理想像である。しかし、「一国二制度」の枠組みにおいて、香港の政治体制のあり方を決める権限は、北京の中央政府が一手に握っている。北京は香港をどう扱おうと考えているのか。

中央政府に近い人物からの香港論として、強世功北京大学教授による『中国香港』が挙げられる[12]。強世功は法学者であり、二〇〇四年から二〇〇七年まで中連弁に出向して香港で働いた。本書は一〇の独立した章からなるが、全体を貫くのは、中華帝国対大英帝国、あるいは海洋勢力対大陸勢力というような構図で、香港を地政学的な角度から論じる視角である。強世功は、「中国香港」という概念が、香港での香港論には滅多に登場しないと指摘する。香港の主流は、西側から見た香港、または香港から見た香港であり、仮に中国の存在があったとしても、それは歴史的な香港を描く際に登場するに過ぎず、現在または未来の香港像ではない、しかし、自分は香港を、中国の近代化過程における中国と西洋の駆け引きという、中国の中心的問題として見ると強世功は主張する。

しかし、香港が中国にとって「中心的問題」という議論は、香港が中国の中心であるという意味ではない。強世功は「一国二制度」を、中国の辺境統治の歴史のなかに位置づける。即ち、「一国二制度」は、鄧小平の発明であるという点が強調されすぎたため、特殊な政治体制と今も見なされ続け、普遍的なものとされないが、実際には毛沢東はチベットと香港・マカオ・台湾問題を同列に論じた。強世功は、中国共産党の深層の思考は儒家の伝統である天下の概念であると論じる。中央政府は一七条協議でチベット問題を解決しており、これが一国二制度の基本枠組みであるとする。強世功によれば、これらはいずれも「王者は化外の民を治めず」の論理であり、周辺地域の現状維持を認める内容である。

それでは、鄧小平は「一国二制度」の五十年不変を約束したのに対し、毛沢東はなぜチベットの農奴制度をすぐに廃したのか。強世功は、香港の社会主義と資本主義の衝突の問題は、いずれも近代化の道をめぐる論争であり、冷戦さえなければ共存できたと考えられる一方、チベットの政教合一と社会主義は古典と現代の間の生死をかけた闘争であり、チベットの貧民を中央政府が解放したと主張する。

強世功の議論は、陳雲と同様に、香港を中国の中に位置づけるものではあるが、陳雲が香港こそ華夏正統と論じたのに対し、強世功は中国共産党政権が中国の正統を継承していると考える。陳雲は、「中国共産党の性質は、ソ連の外に残った植民政権であり、家も国も持たない植民者で、宇宙から地球に投げ込まれたウイルスのようなもの」[13]とまで罵倒する。一方強世功は、香港をイギリスに統治させたことは、共産党が植民主義と資本主義を支持したことになり、マルクス主義と民族主義に反する部分であるが、ここからこそ、中国共産党の最も核心的な要素が「階級」でも「民族」でもなく、「国家」と「天下」であり、ここでいう「国家」は西側の概念に基づく国民国家ではなく、伝統的な儒家の家—国—天下という差序格局であることが示されていると述べ[14]、共産党の共産主義性を否定してまで、共産党政権が儒教的な伝統を引き継ぐ正統であることを論じる。こういった儒教の君臣或いは華夷の秩序に絡め取られることを嫌ってか、陳雲は華夏正統論において儒教と距離をとる。羅永生は、陳雲の著書には大陸から香港に移住してきた反共新儒家からの引用がほとんどなく、陳雲は政治的道術と「現実的政治」の戦略家を自任していたと指摘する。[15] 実際、反共新儒家は、香港で思想として根付けなかった。彼らにとって香港はあくまで仮の避難所であり、目を香港に向けることなく、「彷徨う魂」のまま終わったと張彧暋は論じている。[16]

他方、『香港民族論』と、強世功の『中国香港』は、香港が周辺であるとの見方で一致する。しかし、強世功にとっての周辺が、優越する中原に従属すべき存在であるのに対し、「香港民族論」は、香港が中原と異質であることを証明し、香港から中原を排除するために、周辺性を強調する。例えば、強世功は、香港の代表的文学者である金庸の武侠小説については、周辺文化と少数民族を用いて正統の中原文明に疑問を投げかけ、挑戦するものであり、これが共産主義文明の周辺にある香港文明の意義であるが、金庸は正統を徹底的には転覆しなかったと論じる。なぜなら、金庸の小説の登場人物が、人民の暮らしをよくした康熙帝を肯定したのと同様に、共産主義文明が近代中国の悲惨な局面を徹底的に変え、中国の独立を守ったからであり、ゆえに、金庸は中国への香港の返還を支持したと強世功は述べる（実際には、父親を共産党に殺害された金庸が、共産党に複雑な思いを抱いていたことは、周知の事実である）。これに対し、香港民族論が、中華文明から疎外されたないし距離を置いていた海洋民族として香港を捉えるのは、中華文明の論理で香港を論じることを拒否するためである。

この議論の背景には、大陸と香港のいずれがより優越した文明であるかという点での意識のずれが存在する。強世功は本書のあとがきで、「植民地の歴史的背景のゆえに、多くの香港人が直接中国の現代化の建設には巻き込まれていないか、間接的な方式や果ては人を感傷的にさせるような（「令人傷感」）方式で現代化建設に参加したために、……現代の新中国と社会主義の伝統に対して大いに留保がある」、「畢竟、香港は一波、また一波と（押し寄せる）大陸の現代化建設の被害者に生存空間を提供してきたのである」[17]と、戦後の大陸の混乱を逃れて流入した人々が主である香港人の反共心理に一定の理解を示す。しかし、この慎重な言葉遣いからも分かるように、強世功にはこうした「現代化建設の被害」を生んだ問題を糾す議論は見られない。例えば、一九六七年に文革の影響を受けて拡大し、死者五一名を出すなどして、香港市民の反左派感情を決定的なものにした香港暴動についても、強世功は「イギリス香港政庁が一九六七年に反英国植民地統治の抗議運動を残酷に鎮圧」したと論じ、「この反英抗議運動は第二次大戦後の世界的な反帝国主義、反植民地主義の運動の重要な構成部分であった」[18]と肯定する。植民地＝悪、共産党＝正義という、大陸の優越性を大前提とした論理展開であると言える。

これに対し、『香港城邦論』と『香港民族論』は、いずれも政権に対する批判的な姿勢に留まらず、大陸の人々に対しても、劣った存在と見なして冷たい態度をとる。陳雲は、大陸の人々の動物虐待や交通事故被害者への冷酷な態度などを列挙して、大陸人は善良な同胞などではないと述べ、大陸人を蔑視する姿勢を隠さない[19]。『香港民族論』の王俊杰も、大陸人はかつての素朴さを失い、権貴資本主義に毒されて権力と金だけを追っているなどと論じている[20]。二〇〇八年、四川大地震への救援活動や、北京オリンピックへの応援で示されたような「中国ナショナリズム」の求心力が、間もなく急速に減退したことがここに表れている。

このような双方の感情的対立は、特に二〇一二年頃に深刻化した「中港矛盾」を反映したものと言えよう。当時、大陸からの大量の観光客等の流入に対して香港市民の反感が高まり、列車内などでの口論がネット上でしばしば大きな議論の的となっていた。これについて、孔慶東北京大学教授がテレビで「香港人は犬」と発言し、香港で大いに反発を受けた。香港ではこれを受けて、大陸人を食い尽くして去る「イナゴ」と呼び、観光客を攻撃対象にしたデモなども起きた。

強世功は、二〇一四年六月一〇日に国務院が発表した初めての香港に関する白書である『一国二制度の香港における実践』白書[21]の執筆者の一人となる。同白書は、返還への経緯や返還後の「一国二制度」の実践について、政策の順調な実施を自賛した上で、香港は中央人民政府が直轄する地方行政区域であり、中央政府は香港に対する全面統治権を有する、未だに香港の一部の者は「一国二制度」と基本法に対して曖昧または一方的な認識しかないが、行政長官の普通選挙では必ず愛国者が選出されねばならないといった論調を並べ、北京の決定権の優越を強調し、当時議論の最中であった行政長官普通選挙問題を牽制する意思を明確にした。しかし、この白書の強硬な論調は民主派の激しい反発を招き、当時実施されていた「民間住民投票」へと多くの人々が向かうきっかけとなり、事実上、雨傘運動の一つの原動力となった。

2 「独立」問題の提起

このように、あまりに異なる香港像を描く「雨傘運動」前後の各種の政治思想の流れは、合流よりも分流を繰り返し、時に相互に批判・非難を浴びせながらも、百花繚乱の様相を呈していた。しかし、こうした新しい「本土思潮」は、政府によってほぼ一括りに「香港独立論」とされて、弾圧されてゆくことになった。

雨傘運動後、政府関係者は相次いで「香港独立論」を批判した。梁振英行政長官は二〇一五年一月一四日、施政方針演説において『香港民族論』を取り上げ、「間違った主張に警戒せざるを得ない」と批判した[22]。政府の長が一冊の本、それも学生による書籍を、年に一度の重要演説で名指し批判するのは極めて異例であった。二〇一五年三月六日には、張徳江全人代委員長が香港の全人代代表との会談の際、香港独立論や都市国家自治論を強く非難し、これらははっきりと一線を越えた議論であり、容認できないと述べている。二〇一七年三月六日に李克強総理が発表した政府報告は、「香港独立に活路はない」と明言した。

『香港城邦論』や『香港民族論』が、香港独立論であると言えるかどうかは微妙である。陳雲が目標とするのは、すでに香港が得ている「城邦」の地位の維持であり、「一国二制度」の自治が継続できれば独立は不要とし、中国・台湾・マカオなどとともに「中華邦連（Chinese Confederation）」や「中華国協（Chinese Commonwealth）」を創立すべきであると説く。一方、『香港民族論』は独立に対する憧憬を隠さない。王俊杰は、香港人は自らの国を持って世界と対等につきあう権利があると主張する。しかし、同時に、香港が独立国になれる可能性は極めて低いとも認め、主権を求める代価が高すぎるならば、独立が唯一の道ではないとする。王俊杰は、宗主国を離れ主権独立の国家となる「対外自決」に代わり、人民が自ら管理する権利を持つ「内部自決」、即ち自治を主張している。

しかし、中央政府から見て、「独立」とは、主権国家の確立だけを意味するものではない。返還後、北京が「香港独立」に活発に言及したのは、二〇〇三〜二〇〇四年の民主化論争の際であった。「五〇万人デモ」の後、行政長官の普通選挙を求める民主化運動が高揚すると、香港基本法の権威である許崇徳人民大学教授は、選挙制度改革の必要性の判断を香港人が自分で行うのは「独立と同じ」と発言した。北京は、政治制度の選択や行政長官の選出などにおいて、香港が「独立の政治実体」となることを、すでに「独立問題」と捉えていた。これは、「植民地としてほとんど唯一独立運動がない」[23]とも評された香港の人々にとっては、不可解とも言える論理であった。

そして、「独立」問題に対しては、中央政府は過剰とも見える反応を示した。二〇一三年一二月二六日、香港独立を主張するネット上のグループ「香港人優先」の数名が、イギリス統治時代の香港旗を手に、セントラルの人民解放軍ビル敷地内に侵入し、後に四名が逮捕された。若者のいたずら的な行動に過ぎないが、北京の国務院香港マカオ弁公室は「重大な関心」を表明した。一一月二一日には、国務院発展研究中心港澳研究所がこの問題をめぐり座談会を開き議論した。席上、陳佐洱全国港澳研究会会長は「国家主権に衝撃を与えた」とこの行為を非難した[24]。『環球時報』は二二日、この座談会について詳報するとともに、「香港人優先」が二〇一二年三月の成立時点では三〇〇人であったが、二〇一三年一〇月一日に中連弁前でデモをした際には一・八万人、一一月には自称二・四万人に拡大したと報じた[25]。この報道は大陸のネット上で幅広く拡散されたというが、実際は『明報』紙が「香港人優先」に問い合わせたところ、組織の中心メンバーは三〇人あまりに過ぎないとの回答であり、二・四万人は「香港人優先」Facebookページの「いいね」の数を指していると推測されるという[26]。

3　新しい政治思想の取り締まり

このように、北京は敵対的な多様な政治思想を、その内容を問わず一様に「独立」の問題として捉え、かつ小さな脅威にも敏感に反応した。このような姿勢から、二〇一六年以降、雨傘運動後の新しい政治思想は、強硬に取り締まられることとなった。

雨傘運動後には、先述のような新しい政治状況と、多様な政治思想を反映して、新たな政治団体が次々と設立された。雨傘運動の学生指導者らは、二〇一七年の「真の普通選挙」が未実現に終わったことで、次なる目標を二〇四七年の返還五〇周年、即ち「一国二制度」の「五十年不変」の期限に据えた。彼らは、二〇四七年以降の香港のあり方を住民投票で決める「民主自決」を主張した。二〇一六年四月、雨傘運動の指導者として世界的に知られた、当時一九歳の黄之鋒（ジョシュア・ウォン）らによって、一〇年以内に住民投票の実施を目指すとする新政党「香港衆志（デモシスト）」が結成された。この立場の者は「自決派」と称された。

一方、主に運動の急進派の若者たちは、大陸からの影響を排除して「香港優先」の実現を求める「本土派」を形成した。二〇一五年一月に結成された「本土民主前線」は、二〇一六年二月、九龍の盛り場・旺角で大規模な騒乱を起こし、当時立法会補欠選挙に立候補手続きしていた梁天琦ら、同党の関係者多数が逮捕された。しかし、梁天琦はむしろこれによって若者から大いに支持を集め、選挙では大善戦し、落選したものの大いに注目された。

さらには、より直接的に香港の独立を主張する団体も現れた。二〇一六年三月二八日、正面から香港独立と香港共和国の建国を主張する香港初の政党「香港民族党」が成立を宣言した。

しかし、これらの新勢力は強硬に政界から排除された。二〇一六年九月の立法会議員選挙に、上述の三団体はいずれも候補者を擁立したが、梁天琦と、香港民族党の陳浩天などは、香港独立を主張し、「香港は中国の一部」と規定した香港基本法を擁護していないとして、出馬資格を無効とされ、選挙から門前払いされた。選挙では香港衆志など、自決派が三議席、本土派が三議席を得たが、一〇月一二日、新しく選出された立法会の初会合において、通例である新任議員の宣誓が行われた際、正しく「中華人民共和国香港特別行政区」への忠誠を誓わなかったとして、政府は次々と議員を裁判に訴えるという異例の手段に出て、六人の議員資格を剥奪した。その後の選挙でも、自決派の候補者の事前審査による失格が相次いでおり、自決派・本土派は政治勢力としては壊滅的な打撃を受けた。二〇一八年九月には、香港政府は香港民族党を禁止し、暴力団などと同様に、参加や支援が犯罪とされる非合法団体とした。

現時点では、自決派・本土派・独立派が政界からの直接の排除の対象となっており、「愛国的」な民主派はむしろ取り込みの対象とされている。二〇一八年四月二三日には、中連弁主任の王志民が立法会に招かれた際、日本の歴史教科書改竄を譴責する議案を提出したり、四川大地震の被災者を見舞ったりしたとして、合計六名の民主派立法会議員を名指しで称賛した。[27]他方、二〇一八年の改正で、「中国共産党による指導は中国の特色ある社会主義の最も本質的な特徴である」との文言が中国憲法第一条に明記されたことを受け、全人代常務委員の譚耀宗は香港紙のインタビューで、今後「一党独裁の終結」を叫ぶ者は憲法違反となり、立法会議員選挙で出馬資格を無効とされる可能性があると述べた。[28]北京が「独立派」と断定する基準次第では、民主派も政界から追われることを常に意識せねばならない。

『香港民族論』や、雨傘運動に関する書籍などは、中国資本がほぼ牛耳る書籍の販売網から排除され、販売に非常に苦しんでいる。雨傘運動の前後、香港とは何かをめぐって展開された香港での多様な議論は、その内容の微妙な差に関係なく、「独立」を封じるという中国ナショナリズムの錦の御旗の前に、力によって一様に押さえつけられている。代わって、「中国の一部としての香港」を考えることが、北京によって香港に課されている。二〇一八年に相次いで開通した、大陸と香港の間の高速鉄道や、珠海・マカオと香港を結ぶ大橋は、目に見える形で「中国香港」を体現するインフラと言えよう。

4　おわりに

以上に見てきたように、民主化運動としての雨傘運動は、民主化への道が閉ざされるに従い、自治や独立をめぐる議論へと転化していった。

しかし、そういった議論は、その前提として、香港とは何か、香港の優位性や理想像は何かを思考することを要した。そこにおいて議論は大いに分裂した。「世界標準」を備えるのが香港なのか、「中国以上に中国」であるのが香港なのか、或いは「中原と異なる」のが香港なのか。香港は西洋と東洋の衝突の前線なのか、卓越した文化の中心なのか、或いは中心から離脱する周縁なのか。

恐らく、香港はこうした前線性・中心性・周縁性の全てを兼ね備えた存在なのであろう。羅永生は、香港の「本土意識」の歩みを直線的な歴史で捉え、本土意識の第一波（一九六〇年代末～）には「中国以上に中国らしい」香港が、第二波（一九九〇年代）には香港の多国籍性が、第三波（返還後）には香港独自の文化の保護が強調されたと説く[29]。しかし、雨傘運動前後の「本土思潮」の同時並行的な百花繚乱を見るに、こうした多様な香港観は、時代とともに興亡したというよりも、見る者によって異なる多様な香港像の共存状態を反映し、いずれも現在にも到って存在し続けているとみるのが妥当ではないか。

自由で多様な都市としての香港は、従来からこうした多面的な顔を備えていた。しかし、香港が国家ではなく、政治的に独立した存在ではなかったために、香港とは何かを政府が公式に定義する必要に駆られることも、これまでは少なかった。結果として、多様な香港像がこれまで存在し続けることが可能となっていたのであろう。しかし、「本土思潮」が、香港を主語とする何らかの政治体制を構想しようとすれば、必然的に、「香港とは何か」をある程度排他的に定義せざるを得ない。その結果、「本土思潮」は相互に批判し合い、合流よりも分流を続けた。これは、かつて「金儲けにしか興味がない」と評され、難民の仮住まいの地とされ、住民の感情の対象とされなかった香港の、「自分探し」の旅であった。

しかし、そうした議論は、北京による香港の再定義、即ち「中国香港」像によって、一元的に塗りつぶされようとしている。北京にとっては、「世界標準」を追う香港像は「外国勢力との結託」であり、北京よりも優越した中心性を主張する香港像は「政権転覆」であり、周縁性を追求する香港像は「分離主義」である。これらは「国家の安全」への脅威であり、「独立」運動であり、愛国主義の道徳的に許しがたい存在である。北京の基準では、こうした議論に言論の自由は適用されない。雨傘運動後に進んでいるのは、このような論理に基づく、「本土思潮」の排除なのである。

註

(1) この間の経緯の詳細については、拙著「民主化問題：『デモクラシー』から『中国の特色ある民主』へ」『中国返還後の香港：「小さな冷戦」と一国二制度の展開』名古屋大学出版会、二〇〇九年、第二章などを参照。

(2) 「和平佔中信念書」(「讓愛與和平佔領中環」ウェブサイト、http://oclp.hk/index.php?route=occupy/book_detail&book_id=10、二〇一八年一〇月一二日閲覧)。

(3) 誓約書の書式が「讓愛與和平佔領中環」ウェブサイトに掲載されている (http://oclp.hk/index.php?route=occupy/letter_detail&letter_id=1、二〇一八年一〇月一二日閲覧)。

(4) 第二節冒頭からここまでの内容は、拙著「雨傘運動とその後の香港政治：一党支配と分裂する多元的市民社会」『アジア研究』第六三巻第一号(二〇一七年一月)、七〇―七二ページに加筆修正したものである。

(5) 『明報』二〇一七年九月二二日。

(6) 陳雲『香港城邦論』天窗出版社、二〇一一年。

(7) 司徒華『司徒華回顧録：大江東去』牛津大學出版社、二〇一一年、四三六ページ。

(8) 司徒華、前掲書、一〇五ページ。

(9) 陳雲、前掲書、一六ページ。

(10) 二〇一三年度香港大學學生會学苑編『香港民族論』、香港大學學生會、二〇一四年。

(11) 徐承恩「城邦述事：香港本土意識簡史」二〇一三年度香港大學學生會学苑編、前掲書、一一七―一六三ページ。

(12) 強世功『中國香港：文化與政治的視野』牛津大學出版社、二〇〇八年。

(13) 陳雲、前掲書、一九八ページ。

(14) 強世功、前掲書、八六ページ。

(15) 羅永生著、丸川哲史・鈴木将久・羽根次郎編訳『誰も知らない香港現代思想史』共和国、二〇一五年、六七ページ。

（16）倉田徹・張彧暋『香港：中国と向き合う自由都市』岩波新書、二〇一五年、一三六―一三九ページ。

（17）強世功、前掲書、一九二ページ。

（18）強世功、前掲書、一四ページ。

（19）陳雲、前掲書、四三―五〇ページ。

（20）王俊杰「本土意識是港人抗争的唯一出路」二〇一三年度香港大學學生會学苑編、前掲書、四四ページ。

（21）白書全文は国務院ウェブサイト（http://www.scio.gov.cn/tt/Document/1372801/1372801.htm、二〇一八年一〇月二〇日閲覧）。同白書は日本語も含む多言語版が作成されている。日本語版は http://japanese.china.org.cn/politics/txt/2014-06/19/content_32711388.htm、二〇一八年一〇月二〇日閲覧。

（22）二〇一五年施政報告ウェブサイト（http://www.policyaddress.gov.hk/2015/chi/p8.html、二〇一八年一〇月一四日閲覧）。

（23）Edward Vickers and Flora Kan "The Re-education of Hong Kong: Identity, Politics and History Education in Colonial and Postcolonial Hong Kong", Edward Vickers and Alisa Jones eds, *History Education and National Identity in East Asia*, New York: Routledge, 2005, p.174.

（24）『文匯報』二〇一四年一月二一日。

（25）環球時報ウェブサイト（http://mil.huanqiu.com/paper/2014-01/4778312.html、二〇一八年六月八日閲覧）。

（26）『明報』二〇一四年一月二三日。

（27）「堅守初心 同心同行――王志民主任在香港立法会午餐会上的致辞」中央人民政府駐香港特別行政区政府連絡弁公室、二〇一八年四月二三日、http://www.locpg.hk/jsdt/2018-04/23/c_129857428.htm。

（28）South China Morning Post, 18 Mar 2018.

（29）羅永生「香港現代思想史：『本土意識』の歩み」羅永生著、丸川哲史・鈴木将久・羽根次郎編訳、前掲書、一九―八七ページ。

「We'll be bεck」（2014年12月11日・金鐘オキュパイ地区）。

あとがき

「雨傘運動」の開始から五年目となる二〇一九年九月二八日、当時学生リーダーとして運動を導いていた民主活動家の黄之鋒（ジョシュア・ウォン）氏が香港で記者会見を開き、「民主主義の実現に向け、今こそ香港が一致団結する時だ」と訴えた。「逃亡犯条例」改正案をきっかけとした政府への抗議デモが激しさを増しつつあるなか、デモ隊の要求には、「雨傘運動」のときと変わることのない「普通選挙」の実現も含まれていた。黄氏は「香港の自由のために立ち上がる市民の姿に感動している」とし、「五年前の雨傘運動から、民主主義への意識は香港社会に確実に浸透し、成長している。国際社会も香港市民の思いを支持してくれている。自由で民主的な社会を目指し、声を上げ続ける」と熱く語っている。会見には、雨傘運動の「女神」と呼ばれた民主活動家の周庭（アグネス・チョウ）氏も同席し、「今年は香港の未来にとって重要な年になる。香港の人たちが一つに団結し、力を合わせて自由を守り、民主主義を実現させよう」と、新たな闘争への堅固なる意志を表明している（『朝日新聞』二〇一九年九月二九日）。だが、中国建国七〇年を迎えた一〇月一日、政府庁舎周辺など複数の場所で抗議デモが発生し、警官隊と激しく衝突し、ついには警察がデモ隊に実弾を発砲し、高校生が負傷するという事態にまで至っている。いうまでもなく、われわれが本書を企画・出版するに際して、「ポスト雨傘運動」という事態がこのように大きく変化・発展するというのは、まったく想定できなかったことである。

筆者の専門とする政治学という学問は、かつて現実の政治社会で実際に起きた、あるいは今この瞬間に起きているさまざまなできごとをあらゆる角度から「事実関係」として浮かび上がらせ、そのうえで政治学という準拠枠組みに基づきながら、社会科学的「意味」を分析するというプロセスで成り立っている。しかし、われわれが前回の「雨傘運動」を踏まえてその作業を進める際、きわめて困難だったのは、この運動そのものが過去のものになる以前に、今回のような形で再現され、しかもその規模が五年前のそれよりもさらに大きく、かつ問題の深刻さもより強く印象付けるものに変化したことであろう。したがってわれわれは、こうした変動しつつある目前の政治情勢をめぐり、しかも今後の香港の政治のゆくえを見定めるうえでの「生きた」分析を鋭く要請されるという、きわめて困難な状況におかれていたといえる。

だが、周保松氏が指摘しているように、今回の一連の抗議運動は、まさに「雨傘運動」が香港人の「主体意識」と「共同体意識」をすでに根本的に変えていることを証明するものである。

つまり、この二つの意識が、香港の将来の民主主義の発展にとって今後とも大きな役割を果たし続けるであろうことは、二〇一九年秋のこの事態がすでにして明確に示しているのである。すなわち、香港の市民は、自分の生命を支配する「自己決定」の権利を行使すると同時に、政治領域を含む自らを取り巻くあらゆる領域について自分で決めたいという「民主主義の理念」を、この抗議デモによってストレートに表出しており、いわば「自己決定権」を一種の「集団的自治の精神」として実現しようとしているのである。この「共同体」内部において、人と人との間にあるのは、純粋に道具的な「利害関係」ではなく、何らかの基本的な考え方を共有・公認するという「共通価値」として人々を結びつけている紐帯（アソシアシオン）に他ならない。しかもこの紐帯は、今回の「逃亡犯条例」改正案をめぐる抗議デモによって、より堅実なものとして実現していったのだといえる。この意味で、五年前の「雨傘運動」は、そのことを考えるうえでの原点として、今後とも長く問われ続けるであろうことはすでにして明らかである。

今回もまた、社会評論社の新孝一氏には、本書の出版を早い時期からご快諾いただいたうえ、出版・編集作業のすべての面で、最後までたいへんお世話になった。この場をお借りして、深く謝意を表したい。さらに、今回の国際シンポジウムの開催を後援してくださった明治大学国際連携本部の教職員各位にも、心からのお礼を申し述べたい。

なお、本シンポジウムの開催と本書の出版は、日本学術振興会の科学研究費助成事業基盤研究

Ａ：「中国における習近平時代の労働社会——労働運動をめぐる法・政治・経済体制のゆくえ」（二〇一六～二〇一九年）の補助金を得て実現できたことを最後に記しておきたい。

石井知章（明治大学にて）

二〇一九年一〇月一五日

［著者］

周保松（しゅう・ほしょう）
1974年生まれ、香港中文大学政治行政学系副教授。

倉田徹（くらた・とおる）
1975年生まれ、立教大学法学部教授。

石井知章（いしい・ともあき）
1960年生まれ、明治大学商学部教授。

［写真とその解説］

蕭　雲（しょう・うん）
香港市民記者。

香港雨傘運動と市民的不服従　「一国二制度」のゆくえ

2019年11月10日　初版第1刷発行
2020年 2月10日　初版第2刷発行
著　者＊周保松・倉田徹・石井知章
写　真＊蕭　雲
発行人＊松田健二
発行所＊株式会社社会評論社
東京都文京区本郷 2-3-10
tel.03-3814-3861/fax.03-3818-2808
http://www.shahyo.com/
印刷・製本＊倉敷印刷株式会社

Printed in Japan